SOMMAIRE

INTRODUCTION

Où commence et où s'arrête la sociologie des organisations ? S'agit-il simplement d'analyser ces groupements organisés que sont les entreprises et les administrations, dont le nombre et la taille n'ont quasiment pas cessé de croître depuis un siècle, ou s'agit-il, à travers cela, de développer une réflexion sur les mécanismes de coopération humaine, sur l'action collective et, ce faisant, de contribuer à penser l'organisation sociale au sens large ? Car il n'y a pas de vie en société sans un minimum d'organisation(s) et d'institutions. Comprendre les règles et la logique de fonctionnement de cette vie collective et des formes de coopération auxquelles elle donne lieu, tel est l'objet de la sociologie des organisations.

Que se passe-t-il dès que des hommes sont conduits à coopérer pour mener à bien les activités les plus diverses, comme produire des biens et des services, dispenser du savoir ou des soins, participer à la vie démocratique ou encore partager une activité de loisir ? Comment fonctionnent ces entités composées d'individus concourant à la réalisation d'un objectif commun ? On voit, ce faisant, que la sociologie des organisations n'a pas les mêmes centres d'intérêts que la sociologie du travail. Cette dernière s'intéresse prioritairement à l'organisation même du travail et de l'activité productive ainsi qu'à ses évolutions. Elle analyse la division du travail, les techniques et leurs transformations ainsi que leurs conséquences sur l'activité humaine et les qualifications. Elle étudie la place prise par le salariat, les luttes et les conflits auquel il donne lieu et s'interroge sur le chômage et ses effets sociaux… Autant d'objets d'investigations délaissés par la sociologie des organisations, préoccupée par ce qui fait qu'un groupement humain tient et ne se délite pas.

Cependant, sociologie du travail et sociologie des organisations ont en commun d'engager leur réflexion sur les processus de rationalisation qui traversent la société occidentale depuis la fin du XIXe siècle. En particulier, toutes deux s'enracinent dans un vaste programme de recherches expérimentales mené, au début des années 20, dans les ateliers de la General Electric

// sociologie du travail et sociologie des Orgos

Company, par Elton Mayo et ses collaborateurs de l'École des relations humaines[1]. Ce programme, qui s'est étendu sur plus de six années, s'est efforcé de cerner les effets de l'organisation et des conditions de travail sur la productivité[2]. Si les questionnements qui sont à son fondement relèvent plutôt de la sociologie du travail, un certain nombre de résultats vont servir de points d'appui et d'hypothèses de recherche à la sociologie des organisations. Les chercheurs de l'École des relations humaines soulignent en particulier la complexité humaine des grandes entreprises : ils mettent l'accent sur le fait qu'il existe une vie de groupe au sein des ateliers, que l'individu n'existe pas seul mais qu'il est pris dans une pluralité d'appartenances collectives internes à l'entreprise. Ils identifient toute une organisation informelle qui ne coïncide pas exactement avec l'organisation formelle et technique de l'entreprise. Ce faisant, ces travaux montrent les limites du taylorisme. Mais alors que la sociologie du travail va continuer dans cette voie[3], la sociologie des organisations s'oriente vers d'autres questionnements.

C'est aux États-Unis qu'émerge, dans les années 40 et 50, une riche réflexion sur le phénomène de la bureaucratie qui doit beaucoup à Max Weber. Le degré de rationalisation de ces ensembles humains que sont les grandes organisations, les rigidités qui y sont générées, la nature des relations qui s'établissent entre une organisation et ses membres, les rapports que les organisations nouent avec leur environnement constituent autant d'interrogations parcourant aussi bien les premiers travaux de sociologie des organisations que les plus récents.

---

1. Cf. Elton Mayo, *The Human Problems of an Industrial Civilization*, New York, Macmillan, 1933 ainsi que Fritz J. Roethlisberger, William J. Dickson et H.A. Wright, *Management and the Worker*, Cambridge, Harvard University Press, 1939.
2. La plupart des manuels de sociologie du travail, de sociologie des organisations et de psychologie sociale présentent en détail ces recherches et ces expérimentations portant sur les transformations des conditions de travail. Voir notamment Pierre Desmarez, *La Sociologie industrielle aux États-Unis*, Paris, Armand Colin, 1986 et Marcelle Stroobants, *La Sociologie du travail*, Paris, Nathan, coll. « 128 », 1993.
3. Les orientations sont différentes des deux côtés de l'Atlantique : alors qu'aux États-Unis, les chercheurs ne remettent pas véritablement en question l'organisation scientifique du travail, en France, c'est une réflexion critique, avec des préoccupations d'ordre humaniste, qui se développe dans le sillage des travaux de Georges Friedmann.

En France, la sociologie des organisations prend son essor quinze à vingt ans plus tard avec les recherches menées par Michel Crozier. Celles-ci doivent d'ailleurs beaucoup aux travaux américains qui les ont précédées, au point que lorsqu'on parle aujourd'hui, dans le cadre hexagonal, de sociologie des organisations, il est fréquent de réduire celle-ci aux pionniers américains et au courant de pensée fondé par Michel Crozier. Le parti pris de cet ouvrage est sensiblement différent. S'il nous a semblé essentiel de rendre compte, en détail, des travaux qui ont contribué à faire exister la sociologie des organisations comme une discipline incontournable tant aux État-Unis qu'en France, il nous est apparu tout aussi important d'intégrer d'autres approches. Celles-ci, récentes ou moins récentes, ont en commun d'aider à renouveler la pensée sur les organisations, à travers d'autres problématiques et d'autres références théoriques.

Dans un premier chapitre, on s'attachera à montrer comment l'interrogation sur le phénomène de la bureaucratie constitue le point de départ du développement d'une sociologie des organisations. D'abord théorique, cette réflexion est étayée empiriquement, aux États-Unis, dans les années 40-50, par toute une série de recherches dont on présentera les principales. Dans un deuxième et un troisième chapitre, on évoquera le passage de la notion de bureaucratie à celle d'organisation puis à celle d'action organisée et on développera les problématiques et les travaux empiriques qui accompagnent ce passage. Une large place sera faite à l'école française de sociologie des organisations et à l'analyse stratégique. Le chapitre quatre abordera des réflexions plus récentes, à la charnière de la sociologie des organisations et de la sociologie du travail, qui développent une approche de l'entreprise. Enfin, le cinquième chapitre présentera des analyses qui, si elles sont plus éloignées de la sociologie classique des organisations, peuvent contribuer à son renouvellement[4].

4. Je voudrais remercier ici tous ceux qui, par leurs relectures et leurs suggestions, ont contribué à la confection de cet ouvrage. Ma gratitude va tout particulièrement à Philippe Corcuff, Agnès Déboulet, François Dubois et Hervé Flanquart.

1

LA BUREAUCRATIE COMME POINT DE DÉPART

La pensée sur les organisations se développe à travers une interrogation sur la bureaucratie. Max Weber (1864-1920) est unanimement reconnu comme l'initiateur de cette réflexion même si sa contribution sur le sujet se réduit à quelques pages du chapitre trois de son ouvrage *Économie et Société*[1]. Cependant, c'est aux États-Unis, dans les années 40 et 50, que les analyses de Weber trouvent un véritable écho. Elles sont commentées, discutées et passées au filtre de nombreuses recherches empiriques. On présentera les principaux termes du débat théorique avant d'exposer quelques-uns des travaux empiriques marquants qui ont contribué à la connaissance du phénomène bureaucratique.

1. Le débat théorique

Si, sous le terme de bureaucratie, on se représente d'emblée une administration faite de lenteurs et de lourdeurs, on s'interdit de comprendre le cheminement de la réflexion au cours de la première moitié du XXe siècle. C'est, tout au contraire, le degré de rationalisation des ensembles humains qui est au cœur des premières analyses sociologiques et plus particulièrement de la pensée de Max Weber. Celui-ci met l'accent sur le fait que les sociétés modernes occidentales se caractérisent par des phénomènes de rationalisation sans précédent historique qui touchent tout à la fois les représentations et les valeurs, les institutions et les pratiques sociales. Pour Weber, la bureaucratie apparaît comme un de ces instruments de rationalisation dont se dotent les directions des grandes organisations modernes. Ce n'est qu'avec Robert K. Merton que l'équivalence entre bureaucratie et rationalité sera interrogée. Mais avant d'en venir là, il convient de présenter en

1. Paris, Plon, 1971 (réédité aux éditions Presses-Pocket, coll. « Agora », 1995).

détail l'analyse wébérienne en la restituant dans son contexte, celui d'une réflexion sur les formes d'autorité.

1.1 La bureaucratie moderne comme forme de rationalisation

Le point de départ de Max Weber réside dans une analyse des formes d'administration au sens large du terme. Ce qui l'intéresse, ce sont les façons dont les hommes s'y prennent en divers lieux et temps pour gouverner, autrement dit pour imposer une autorité et faire en sorte que la légitimité de celle-ci soit reconnue. Weber distingue trois grandes formes d'autorité : l'autorité à caractère rationnel-légal, de laquelle se rapproche le plus la forme d'administration moderne, l'autorité à caractère traditionnel et l'autorité à caractère charismatique. Pour chacune d'elles, il trace un tableau systématique des principaux traits qui les caractérisent.

L'autorité à caractère rationnel-légal

– Elle est fondée sur le droit. Le droit est conçu comme un ensemble de règles abstraites susceptibles d'être appliquées aux cas particuliers.
– Elle est impersonnelle. Celui qui obéit se soumet au droit ou au règlement et non à la personne de celui qui donne des ordres.
– Elle est organisée selon une hiérarchie des fonctions impliquant un contrôle de l'instance supérieure vis-à-vis de l'instance inférieure, tout en autorisant des possibilités de recours des subordonnés à l'égard des supérieurs.
– Elle repose sur les compétences de ceux qui exercent des fonctions.
– Elle suppose une séparation stricte entre la fonction et la personne qui l'occupe. Les titulaires d'un poste n'en sont pas propriétaires et sont tenus de rendre compte de l'utilisation des moyens qui leur sont confiés. Les ressources de la fonction sont distinctes des ressources privées. Le lieu d'exercice de l'activité est séparé du lieu d'habitation.
– L'essentiel des décisions et des dispositions est écrit.

L'autorité à caractère traditionnel

– Elle repose sur l'adhésion au bien-fondé de dispositions transmises par le temps. C'est la tradition qui confère au détenteur de l'autorité sa légitimité.
– Elle est fondée sur une relation personnalisée : l'obéissance est due à la personne même du détenteur de l'autorité et prend la forme du respect.
– Le détenteur de l'autorité, qui peut être une personne seule ou un groupe, administre en dispensant faveurs et disgrâces et en accordant sa protection à des sujets. Il s'agit d'une relation de type seigneur-sujets.
– Le droit est un droit coutumier.

À la différence de l'autorité rationnelle-légale, l'autorité traditionnelle ne s'appuie pas sur la qualification des détenteurs des charges. Celles-ci sont octroyées en récompense de bons et loyaux services et selon le bon vouloir du détenteur de l'autorité puis deviennent durables par transmission héréditaire. La hiérarchie n'est pas fonctionnelle comme dans la figure précédente mais repose sur des liens de dépendance personnelle.

L'autorité à caractère charismatique

– Elle est fondée sur la valeur exemplaire d'une personne et sur la reconnaissance de son caractère sacré, extraordinaire, voire héroïque…
– C'est une relation de prophète à adeptes qui implique la révélation d'un héros et sa vénération.
– Son caractère est éminemment instable, à la différence des deux figures précédentes où le droit et la tradition assuraient une stabilité. Si le détenteur du pouvoir paraît abandonné par la grâce, son autorité s'effrite.
– Le groupe constitué par le chef charismatique et ses adeptes forme une communauté émotionnelle.

Il est essentiel de préciser qu'à travers ce répertoire des caractéristiques des différentes formes d'autorité, Weber n'entend pas faire une description de la réalité empirique. Il ne rend pas compte de formes d'administration telles qu'on peut les observer dans la vie quotidienne présente ou passée. Par conséquent, aucun exercice concret de l'autorité ne se confond exactement avec l'une ou l'autre des trois formes précédentes. En effet, celles-ci sont des types idéaux, c'est-à-dire des constructions théoriques.

La notion d'idéal-type est au cœur de la sociologie de Max Weber et ne se confond pas avec une simple typologie. Par conséquent, les trois formes d'autorité précédemment dégagées ne sont pas une classification. Dès lors, qu'est-ce qu'un idéal-type et à quoi sert-il ? Weber précise cette notion dans les *Essais sur la théorie de la science*[2], L'idéal-type est une construction du chercheur, un « tableau de pensée » que l'on ne trouve nulle part empiriquement. Dès lors, le terme idéal, qui compose la notion d'idéal-type, doit être compris dans son acception première : qui est conçu ou représenté dans l'esprit. Toutefois, s'il n'est pas un exposé du réel, il est construit à partir de celui-ci et se présente en quelque sorte comme une épure de la réalité construite à partir de plusieurs fragments de celle-ci.

Le chercheur est amené à construire des types idéaux pour guider l'élaboration de ses hypothèses de travail. Et Weber insiste bien sur le fait que l'idéal-type n'est pas un but mais un moyen de connaissance : un instrument destiné à opérer des comparaisons et donc aussi à mesurer des écarts avec la réalité observée.

Préciser la notion d'idéal-type permet de clarifier le statut des trois formes d'autorité distinguées par Weber. Celles-ci sont des constructions théoriques élaborées à la seule fin de leur comparer des éléments de la réalité empirique et historique. En effet, cette dernière est beaucoup plus composite. Les modes d'administration concrets se présentent souvent comme des mixtes entre les différents types idéaux d'autorité même si, selon Weber, la société industrielle moderne s'accompagne du développement de l'autorité rationnelle-légale. Il n'est donc pas rare de trouver des chefs charismatiques ou traditionnels au sein d'organisations dont le fonctionnement se rapproche de l'idéal-type rationnel-légal.

En dépit du constat du caractère composite de la réalité empirique, la tentation est grande d'illustrer l'idéal-type à partir d'exemples concrets. Weber ne récuse pas ce procédé tout en mettant en garde contre ses dangers : d'une part, les données empiriques peuvent apparaître comme étant au service de la théorie, d'autre part, on risque de prendre le modèle

2. Paris, Plon, 1965 (réédité aux éditions Presses-Pocket, collection « Agora », 1992).

pour la réalité. Des lectures rapides de Weber ont ainsi conduit à considérer que l'idéal-type de l'autorité à caractère rationnel-légal se confondait avec la réalité empirique des organisations bureaucratiques. Car Weber illustre cet idéal-type à travers l'exemple de la direction administrative bureaucratique dont les caractéristiques formelles sont celles qui se rapprochent le plus du modèle qu'il a construit.

Une illustration empirique : la direction administrative bureaucratique

– Celle-ci se compose de fonctionnaires personnellement libres qui n'obéissent qu'aux devoirs de leur fonction ;
– la hiérarchie est organisée à des fins fonctionnelles ;
– les attributions sont étroitement liées à la fonction occupée. Elles sont définies dans un contrat ;
– la sélection est ouverte et repose sur la qualification professionnelle révélée par un examen et attestée par un diplôme ;
– les rétributions sont des appointements fixes gradués selon le rang hiérarchique auquel correspondent les responsabilités assumées ;
– la fonction est l'unique ou principale occupation et n'est pas appropriable ;
– l'avancement résulte de l'ancienneté et du jugement des supérieurs ;
– les fonctionnaires sont soumis à une discipline ainsi qu'à un contrôle.

Ces traits de la direction administrative bureaucratique la rapprochent fortement de l'idéal-type de l'autorité à caractère rationnel-légal. Weber indique que cette forme d'organisation se retrouve dans toutes sortes d'entreprises. Il précise également qu'une telle organisation présente la forme d'administration la plus rationnelle sur le plan formel, de par son exigence de conformité réglementaire, de par son caractère de prévisibilité et en raison de sa précision technique. Selon lui, la nécessité de l'administration de masse, tant des biens que des personnes, rend la bureaucratie inévitable. Et Weber de souligner : « On n'a que le choix entre la "bureaucratisation" et la "dilettantisation" de l'administration (1971, p. 229). »

Attaché à mettre l'accent sur les modes de rationalisation qui caractérisent la société de son époque, Weber ne s'intéresse pas à ce qui se passe au sein des bureaucraties. Tout au plus note-t-il que l'essor des formes bureaucratiques s'accompagne du développement de l'impersonnalité car le fonctionnaire remplit sa fonction sans considération de la personne humaine.

Weber ne nous apprend donc rien sur les détails du fonctionnement concret des organisations bureaucratiques. Là n'est pas son propos. L'idéal-type n'est pas la réalité mais il peut aider à l'appréhender. Il constitue une construction rigoureuse et stable à laquelle pourront être comparées les formes bureaucratiques empiriques, ce que ne manqueront pas de faire ses successeurs. Weber a ouvert la voie et de nombreux travaux, soucieux d'élucider les paradoxes du phénomène bureaucratique, suivront.

Au-delà de son apport spécifique à l'analyse de la bureaucratie, la réflexion plus globale de Weber sur les différentes formes d'autorité constitue l'autre versant, souvent ignoré ou négligé, de sa contribution à la sociologie des organisations. En effet, et Weber le note, les organisations empiriques sont souvent composites et mêlent en leur sein plusieurs formes d'autorité. Cerner les modalités de leur coexistence et les éventuelles tensions qui en résultent peut constituer une voie de recherche fructueuse.

Enfin, si Weber a signalé les glissements possibles entre la forme d'autorité charismatique et la forme d'autorité traditionnelle, à travers notamment l'analyse de la « routinisation » du charisme, il est resté silencieux sur les modalités de passage vers le mode d'autorité rationnel-légal. La façon dont celui-ci parvient à imposer sa légitimité n'est pas résolue.

1.2 La mise en évidence de dysfonctionnements

Le développement croissant des structures bureaucratiques, tant publiques que privées, apparaît comme un trait marquant des sociétés industrielles au XXe siècle. Si les chercheurs américains qui se penchent sur l'étude des grandes organisations ne remettent pas en cause ce constat wébérien, ils orientent leurs investigations vers un domaine que celui-ci avait quelque peu délaissé : les effets produits par de telles structures.

Robert K. Merton, l'un des chefs de file avec Talcott Parsons du courant structuro-fonctionnaliste de la sociologie américaine, propose une relecture restée célèbre de l'idéal-type wébérien[3]. Cette analyse est complétée par une autre, quatre années plus tard, qui analyse les effets de la structure bureaucratique sur la personnalité des membres de l'organisation[4].

D'une certaine façon, Merton prend au sérieux l'idéal-type de l'autorité rationnelle-légale en lui faisant jouer le rôle préconisé par Weber dans ses recommandations méthodologiques, à savoir celui d'un étalon auquel il convient de comparer la réalité empirique en vue d'en mesurer les écarts. Cette comparaison le conduit à se démarquer de la perspective wébérienne sur deux points essentiels[5] :

– Weber s'est centré sur la régularité et l'efficacité de la forme bureaucratique. Merton va, à l'inverse, mettre l'accent sur les difficultés auxquelles se heurte la bureaucratie lorsqu'elle tente d'atteindre ses objectifs, élément que Weber a laissé en dehors du champ de sa réflexion.

– Weber a mis en évidence la congruence entre les caractéristiques du mode d'administration bureaucratique et celles de la société dans laquelle il se développe. Merton va, pour sa part, insister sur les effets des structures bureaucratiques sur l'individu, ouvrant ainsi la voie à une analyse du fonctionnement interne des organisations.

Merton fait le constat suivant : plus les bureaucraties concrètes se rapprochent de l'idéal-type wébérien (règles abstraites, hiérarchie fonctionnelle, impersonnalité de la relation d'autorité, etc.), plus des conséquences non prévues, sous la forme de dysfonctions, de routines, paralysent l'activité de l'organisation. Le mode d'administration bureaucratique tend à la rationalité maximale ; toutefois les procédures qu'il met en place aboutissent à l'effet inverse de celui recherché. Il sécrète des dysfonctionnements qui mettent à mal sa régularité et son efficacité.

3. « The Unanticipated Consequences of Purposive Social Action », *American Sociological Review*, 1, 1936, pp. 894-904.
4. « Bureaucratic Structure and Personality », *Social Forces*, XVIII, 1940, pp. 560-568 ; traduit en français dans R.K. Merton, *Éléments de théorie et de méthode sociologique*, Paris, Plon, 1965.
5. Cf. Pierre Desmarez, *La Sociologie industrielle aux États-Unis*, Paris, Armand Colin, 1986.

Merton, dans son article de 1940, va jusqu'à évoquer l'hypothèse du développement d'une « personnalité bureaucratique » chez les employés de tous grades qui exercent leur fonction au milieu d'un maquis de règlements et de procédures formalisées. La tâche première de ces employés n'est plus de répondre aux demandes des clients ou des usagers mais de se repérer dans un dédale de règles et de consignes écrites. La dysfonction majeure qui en résulte est que les procédures sont appliquées à la lettre et non dans l'esprit. Elles cessent d'être des repères encadrant l'activité pour devenir des absolus. À force de respecter les règlements à la lettre, les employés finissent par devenir ritualistes, tatillons, rigides et incapables d'adaptations rapides.

Un des apports de Merton est d'avoir mis l'accent sur les tendances à l'impersonnalité engendrées par l'organisation bureaucratique que Weber signale mais sans en voir toutes les conséquences sur le fonctionnement concret des bureaucraties. Toutefois, l'hypothèse d'une personnalité bureaucratique est sujette à caution. S'il est incontestable que le poids des structures bureaucratiques développe des comportements tels que ceux décrits par Merton, il n'y a pas pour autant d'effets mécaniques. La notion de personnalité bureaucratique est à cet égard beaucoup trop homogénéisante.

La contribution de Merton à la sociologie des organisations et, au-delà, à l'ensemble des sciences sociales, est considérable. La notion de dysfonction, en particulier, est fondamentale : elle constitue l'autre face de la notion de fonction, concept clé de la sociologie américaine de l'après-guerre. Alors que les fonctions sont, parmi les conséquences observées, celles qui contribuent à l'adaptation ou à l'ajustement d'un système donné, les dysfonctions sont celles qui gênent l'adaptation ou l'ajustement du système. Par ailleurs, Merton systématisera l'analyse fonctionnaliste en distinguant les notions de fonction manifeste (conséquence observée correspondant à la fonction assignée), fonction latente (conséquence observée correspondant à une autre fonction que celle assignée) et dysfonction. Cette dernière notion connaîtra un important succès s'agissant d'analyser le fonctionnement des organisations. Au-delà des analyses spécifiquement sociologiques, elle est devenue un outil clé de l'intervention managériale dans l'entreprise.

2. Les premières investigations empiriques

Les premières investigations empiriques sont réalisées aux États-Unis dans la lignée des analyses de Robert K. Merton. Plusieurs chercheurs se lancent dans des monographies destinées à appréhender les bureaucraties concrètes et à tester l'hypothèse selon laquelle un tel mode d'administration sécrète des dysfonctions dès lors qu'il se rapproche de l'idéal-type wébérien. Les terrains d'investigation sont choisis en fonction des caractéristiques de ce dernier. Conformément à la perspective wébérienne, la notion de bureaucratie ne se superpose pas à celle d'administration publique. De fait, ces analyses portent aussi bien sur une entreprise industrielle, sur un établissement public que sur des services administratifs classiques.

Les travaux retenus sont, à bien des égards, des modèles d'investigations empiriques : ils associent l'analyse documentaire, des entretiens approfondis et l'observation directe. Ils témoignent de façon exemplaire des apports de la recherche empirique à la compréhension des phénomènes sociaux. Concernant la connaissance des organisations, ils font office de pionniers.

2.1 La réorganisation d'une entreprise industrielle

Entre 1948 et 1951, Alvin W. Gouldner[6] se penche sur la réorganisation d'un établissement industriel de production de plâtre, composé de deux grandes divisions : une carrière d'extraction de pierre : le gypse, et une usine de transformation de cette pierre en matériau de revêtement mural. Cet établissement, situé dans une ville moyenne de la région des Grands Lacs, aux États-Unis, appartient à une compagnie industrielle : la General Gypsum Corporation. Plus de deux cents personnes y sont employées, dont soixante-quinze au sein de la carrière et cent cinquante environ dans l'usine de transformation.

La réorganisation étudiée est due à un changement de direction imposé par le décès de l'ancien responsable. La compagnie nomme un successeur qui souhaite rationaliser le fonctionnement de l'établissement. Pour ce faire,

6. *Patterns of Industrial Bureaucracy,* Glencoe, Free Press, 1954.

il met en place un ensemble de réglementations et de procédures qui codifient étroitement l'organisation technique et humaine de l'entreprise. Gouldner va s'intéresser d'une part au passage d'une organisation fonctionnant sur la base de relations de confiance personnalisées à une organisation fondée sur des procédures formalisées, d'autre part aux formes d'appropriation et de rejet de cette rationalisation.

Le passage d'un modèle de tolérance à un modèle bureaucratique

Cet établissement industriel fonctionne sur un modèle de tolérance contemporain de l'ancien directeur et présente de grandes similitudes — que Gouldner, toutefois, ne relève pas — avec l'idéal-type de l'autorité à caractère traditionnel. En effet, il est marqué par l'ancienneté de la main-d'œuvre et le recours aux liens familiaux et communautaires en matière de recrutement. L'ancien directeur entretenait des relations directes et personnalisées avec chacun de ses employés et acceptait, voire encourageait, leur participation à la vie sociale extérieure à l'établissement, ce qui se traduisait par des autorisations d'absence facilement accordées. Par ailleurs, l'établissement fonctionnait sans règlement intérieur et c'était la coutume qui faisait foi. Le temps de travail n'était pas strictement planifié, de même que n'était pas clairement délimité ce qui relevait de la propriété de l'entreprise et ce qui relevait de la propriété privée des salariés.

Dans ce mode d'organisation, les exigences industrielles de la production semblent se concilier avec les exigences propres de l'engagement des salariés dans une vie sociale et familiale. Gouldner insiste sur la totale imbrication entre les rapports professionnels au sein de l'établissement et les rapports sociaux liés à la communauté au sein de laquelle celui-ci est situé. Ce faisant, son analyse souligne l'harmonie des relations nouées entre l'établissement et son environnement extérieur.

Mais le vieux directeur meurt et son successeur, jeune et diplômé, réorganise l'établissement de fond en comble. Le mode d'administration antérieur lui apparaît marqué par un profond laxisme. Il entreprend donc de rationaliser l'ensemble de la gestion de l'établissement qui lui est confié. Un règlement intérieur est instauré avec fixation stricte des horaires de pointage et institution de rapports journaliers et hebdomadaires sur le travail effectué. Une nouvelle grille des salaires, plus hiérarchisée, est mise en place. Le renvoi d'un ouvrier ayant de nombreuses années d'ancienneté, accusé d'avoir détourné une caisse de dynamite, traduit une fixation plus rigide des limites entre ce qui appartient à l'entreprise et ce qui relève de la propriété privée des salariés. Le recrutement se fait désormais suivant des critères qui ne prennent plus en compte les liens familiaux. Les cadres maisons, fidèles à l'ancien directeur, sont mis à l'écart et remplacés par de jeunes ingénieurs diplômés. La rationalisation touche également les moyens de production jugés obsolètes et un investissement dans de nouveaux matériels est réalisé. C'est ce second mode d'administration que Gouldner identifie comme relevant d'un fonctionnement bureaucratique, dans la mesure où la nature de la rationalisation entreprise le fait fortement basculer vers un mode d'autorité à caractère rationnel-légal.

La réorganisation s'accompagne d'un déclin des interactions informelles — il faudrait dire personnalisées — et engendre une fracture dans les relations hiérarchiques. Les communications internes se trouvent court-circuitées : le successeur ne peut plus compter sur les cadres maison pour faire valoir auprès de la base le bien-fondé de la nouvelle ligne de conduite, pas plus qu'il ne peut s'appuyer sur le réseau des liens personnels pour s'informer de ce qu'il se passe dans l'établissement. Des réactions de rejet se manifestent à l'encontre de la réorganisation et se traduisent par une grève sauvage extrêmement violente. Celle-ci conduit Gouldner à s'interroger sur les difficultés que rencontrent les procédures rationnelles pour s'imposer et faire la preuve de leur légitimité, difficultés que Weber n'avait pas perçues en raison, sans doute, du caractère abstrait de son analyse. Gouldner, à la suite de Talcott Parsons, suggère que l'idéal-type rationnel-légal amalgame deux formes d'autorité distinctes : celle fondée sur l'expertise et celle reposant sur la sanction. Alors que la première implique le consentement volontaire, la seconde est imposée. Gouldner fait alors l'hypothèse qu'il n'existe pas un modèle unique de bureaucratie mais que peuvent coexister, au sein d'un même établissement, plusieurs formes de bureaucratisation correspondant à des modalités différentes d'édiction des règles.

Trois formes de bureaucratisation

Après avoir constaté les modes d'appropriation et de rejet des différentes mesures bureaucratiques instaurées par le nouveau directeur, Gouldner distingue trois sortes de bureaucratisation :

– La première est dite « artificielle » dans la mesure où les règles, fixées par une autorité extérieure, ne sont respectées par personne. C'est notamment le cas de la règle interdisant de fumer. Celle-ci, imposée à la suite d'une intervention d'un cabinet extérieur, n'a aucune légitimité au sein de l'établissement. Elle se trouve constamment violée, tant par les supérieurs hiérarchiques que par les subordonnés, et aboutit à la constitution d'un petit groupe privilégié de fumeurs.

– La seconde est appelée « représentative » car elle est fondée sur l'élaboration collective des règles. Gouldner illustre cette forme de bureaucratisation à partir des règles de sécurité en vigueur au sein de la carrière d'extraction de gypse. Il montre que celles-ci faisaient l'objet de réactualisations lors de rencontres périodiques entre les ouvriers et la maîtrise. Ces règles, négociées collectivement, étaient considérées comme justes et rarement violées.

– La troisième, la bureaucratisation « punitive », est fondée sur l'imposition des règles et sur l'obéissance à celles-ci sous peine de sanction. C'est le règlement codifiant les absences qui sert de fil conducteur à l'analyse. L'intérêt de la démonstration de Gouldner réside dans le fait d'avoir montré que toutes les règles de type punitif n'émanent pas uniquement de la direction mais qu'elles peuvent aussi constituer une arme dans les luttes entre les différents groupes d'une même organisation. Ainsi, les règles concernant l'absentéisme ont été instaurées suite à la pression exercée par les ouvriers de l'usine de transformation. Ceux-ci trouvaient que les ouvriers de la carrière s'absentaient plus fréquemment de leur travail qu'eux-mêmes ne le faisaient. Ils ont donc fait pression auprès de la direction pour que soit fixée, dans le règlement intérieur, une disposition commune visant à restreindre considérablement l'absentéisme.

La force du travail de Gouldner réside dans son analyse extrêmement subtile — et toujours d'actualité — du passage d'un mode d'administration à un autre. Son originalité est précisément d'avoir pris pour objet la fracture constituée par le changement de mode de direction. On perçoit, ce faisant, que la légitimité d'une entreprise de rationalisation ne va pas de soi et n'a aucune raison de s'imposer d'elle-même. On voit également que les mesures de rationalisation engendrent un repli de l'entreprise sur des préoccupations internes et contribuent à la couper de la communauté extérieure dans laquelle elle était auparavant insérée. La focalisation sur le fonctionnement interne de l'établissement étudié n'est donc pas un parti pris de l'analyste mais un résultat du processus de réorganisation bureaucratique. Mais on peut inverser la perspective et s'interroger sur les effets produits par la pénétration de l'environnement dans l'organisation.

2.2 Une institution publique confrontée à son environnement

En 1949, Philip Selznick publie les résultats des recherches qu'il a menées quelques années plus tôt, au sein de la Tennessee Valley Authority (TVA)[7]. Il s'agit d'une institution publique créée par l'État fédéral en mai 1933, dans le cadre du New Deal, en vue de favoriser le développement économique et social de la vallée agricole du Tennessee. Ses compétences, qui touchent à l'aménagement du territoire, concernent aussi bien l'organisation du réseau de distribution d'électricité, le contrôle du débit de la rivière que la formation des agriculteurs aux techniques modernes d'exploitation.

Nouveauté sur la carte administrative des États-Unis des années 30, la TVA est réputée pour son autonomie et sa transparence de fonctionnement. En effet, pour atteindre les objectifs que l'État fédéral lui a fixés, elle se doit d'être indépendante des intérêts privés et des pouvoirs locaux, dont certaines carences sont précisément à l'origine de sa création, tout en prenant en compte, à travers des modalités de concertation et de coopération, les besoins des populations concernées par son action (*Grass Roots Doctrine*). Pour ce faire, elle s'appuie sur un certain nombre d'institutions locales aptes à relayer son action en direction des populations.

7. *TVA and the Grass Roots*, Berkeley, University of California Press, 1949.

Dans son analyse du fonctionnement de la TVA, Selznick valide un ensemble de propositions mettant l'accent sur le rôle des « structures informelles » au sein des organisations bureaucratiques[8]. Ces propositions, élaborées notamment à partir de la discussion d'un ensemble de travaux issus de l'École des relations humaines, sont au nombre de trois :

– toute organisation crée des structures informelles ;

– en son sein, ses buts sont modifiés (abandonnés, déviés, réélaborés) par des processus internes ;

– ces modifications se font à travers les structures informelles.

Ces propositions sont enrichies par l'hypothèse suivante : la modification des buts initiaux ne résulte pas seulement de processus internes mais passe aussi par la collusion entre des membres de l'organisation et des groupes de pression externe.

Comment et par quels moyens, au sein de la TVA, des structures informelles sont-elles créées ? Selznick montre que les mécanismes de délégation de pouvoir au sein de cette institution aux compétences variées sont propices à la constitution de groupes séparés par des tâches et une capacité d'expertise spécifiques. Ces groupes finissent par ne plus percevoir que les buts et les intérêts liés aux tâches qu'ils effectuent, au détriment des objectifs généraux de l'organisation.

Mais ce phénomène prend une ampleur particulière lorsque la TVA recherche une coopération avec des institutions locales pour mener à bien certains projets. La mise en œuvre du programme de modernisation de l'agriculture en fournit un exemple éclairant. La TVA confie l'exécution de ce programme, qui consiste à informer et former l'ensemble des agriculteurs de la vallée aux techniques modernes d'exploitation, à des administrations locales et aux écoles d'agriculture de la région. À celles-ci incombe donc la charge de rendre effective, sur le terrain, les orientations de la politique agricole de la TVA Or, les choses ne se passent pas comme prévu. En effet, de nombreux membres de ces administrations et écoles côtoient des représentants influents de l'organisation professionnelle de l'agriculture.

8. Philip Selznick, « An Approach to a Theory of Bureaucracy », *American Sociological Review*, vol. 8, 1943, pp. 47-54.

Ces derniers ont leurs propres vues sur le développement agricole du Tennessee, lesquelles ne coïncident pas forcément avec la politique définie par la TVA Ces réseaux de relations locales ne sont pas bien maîtrisés par la TVA et il en résulte un certain nombre de conséquences inattendues :
– d'une part, les actions entreprises, loin de concerner l'ensemble des fermiers de la vallée, sont réalisées en direction des exploitants les plus prospères, proches de l'organisation professionnelle agricole ;
– d'autre part, ce réseau, composé d'hommes politiques, de membres de l'organisation professionnelle agricole et d'agents des administrations locales, s'avère être un groupe de pression efficace. Il parvient à rallier les experts en questions agricoles de la TVA, lesquels se font les porte-parole de ce groupe d'intérêts au sein de leur institution. Par cet intermédiaire, celui-ci pèse sur la définition des orientations générales de la TVA, et pas seulement dans le domaine agricole. Ainsi des terres devant être consacrées à des aménagements de loisir sont finalement transformées en terres agricoles. Les pressions exercées par l'environnement de la TVA contribuent à la transformation de certains de ses buts initiaux.

À travers cette analyse, Philip Selznick valide l'hypothèse de Merton selon laquelle les bureaucraties sécrètent des dysfonctions. Son apport principal réside dans le fait que celles-ci ne sont pas uniquement le produit de la profusion des réglementations. En effet, Selznick montre qu'elles résultent, d'une part, de la spécialisation des activités qui conduit les membres d'une organisation à se focaliser sur des buts spécifiques au détriment des objectifs généraux et, d'autre part, de la pression exercée par l'environnement. Ce faisant, Selznick attire l'attention sur le fait qu'une organisation ne se développe pas uniquement en fonction d'exigences internes et qu'elle ne peut donc faire l'économie de la maîtrise des relations entretenues avec son environnement.

2.3 Le jeu autour des règles dans deux services publics

La recherche menée par Peter M. Blau, en 1948 et 1949, porte sur deux services publics américains : une agence locale pour l'emploi et un service chargé de contrôler l'application de lois fédérales par les entreprises[9]. Peter Blau mène pendant six mois, dans chacun de ces deux services, une enquête ethnographique minutieuse comprenant des observations détaillées des activités qui y sont réalisées, ainsi que des entretiens avec chacun des agents des unités sur lesquelles ont porté les investigations les plus approfondies.

Peter Blau s'interroge notamment sur les modalités d'application des réglementations formelles au sein de ces deux services publics, sur la façon dont celles-ci affectent les rapports entre les employés ainsi que sur les relations que ces derniers ont avec les personnes accueillies ou contrôlées. Il refuse de considérer, à l'instar de Selznick, que les comportements informels sont de simples déviations vis-à-vis des prescriptions formelles. Selon lui, le recours aux relations interpersonnelles, les normes informelles et la non-application des règles prescrites relèvent de modèles logiques de comportements qui participent au développement de l'organisation bureaucratique. De fait, il refuse de considérer que les bureaucraties sont des systèmes rigides et fait l'hypothèse qu'elles contiennent les germes de leur propre transformation.

Dysfonctions et fonctions latentes

Les premiers résultats exposés concernent l'enquête menée au sein de l'agence pour l'emploi. Celle-ci a pour mission de mettre en relation des offres et des demandes d'emploi concernant le secteur de l'habillement. Elle comporte quatre divisions dont l'une d'entre elles a fait l'objet d'investigations détaillées. La division étudiée est composée de vingt-quatre membres répartis dans quatre unités dont deux sont spécialisées dans les emplois non qualifiés, une s'occupe des travailleurs handicapés cependant que la dernière se consacre à des tâches d'accueil et de bureau. Les agents des trois unités opérationnelles sont chargés de recueillir les offres d'emploi, d'évaluer à travers un entretien individualisé le profil professionnel des demandeurs d'emploi, d'orienter certains d'entre eux vers des

9. *The Dynamics of Bureaucracy. A Study of Interpersonal Relations in two Government Agencies,* Chicago & London, The University of Chicago Press, 1955.

postes vacants et, pour ceux dont le profil ne correspond à aucune offre, d'adresser une notification à la compagnie d'assurance chômage.

Peter Blau centre son analyse sur la réforme du système de contrôle de la productivité des agents de la division étudiée. Un nouveau système d'enregistrement statistique des activités réalisées, beaucoup plus détaillé que le précédent, est mis en place. Il vise à recenser et à comptabiliser le nombre des offres d'emploi reçues et celui des demandes, le nombre d'entretiens réalisés avec des demandeurs, le nombre de placements effectués, la proportion de demandeurs reçus aiguillés vers une offre et, parmi ceux-ci, la part de ceux qui sont engagés, etc. Peter Blau analyse les effets de ces comptages statistiques sur la productivité mais aussi sur les rapports existants entre les employés, sur les relations qu'ils entretiennent avec leur chef et avec les demandeurs d'emploi. Ce faisant, l'usage et les effets du recours aux techniques statistiques sont pris pour objet d'étude.

Peter Blau est, en premier lieu, amené à préciser les notions de dysfonction et de fonction latente élaborées par Robert Merton. L'analyse de la mise en place de l'appareillage statistique met en évidence un certain nombre d'effets non prévus. En particulier, l'enregistrement du nombre d'entretiens effectués conduisait les agents à accélérer le rythme de travail et à renvoyer parfois les demandeurs d'emploi avant de leur avoir trouvé du travail. Si cette conséquence peut être assimilée à une dysfonction, il n'en est pas de même de cette autre, tout aussi inattendue : certains enregistrements, en contraignant les agents à se concentrer sur le taux de placements réussis, les amènent à traiter les demandeurs de façon plus impartiale, indépendamment de considérations ethniques notamment. Au bureau d'accueil, où les employés n'étaient pas évalués à partir de la même grille, les discriminations étaient plus nombreuses. L'appareillage statistique, conçu pour contrôler la productivité des agents, possède, pour reprendre la terminologie de Merton, une fonction latente soulignée par Peter Blau : il s'avère être un instrument limitant les discriminations et favorisant le traitement équitable des usagers, alors même que les réglementations formelles, auxquelles il est expressément demandé de remplir ce rôle, apparaissent inefficaces. Peter Blau suggère alors qu'une mesure porteuse d'une fonction latente peut être plus efficace qu'une autre spécifiquement conçue pour remplir cette même fonction, dès lors que l'on peut s'attendre à des résistances à l'encontre de l'objectif recherché.

Par ailleurs, l'évaluation statistique des activités des agents tend à favoriser la compétition en leur sein. Peter Blau constate que ceux-ci ne réagissent pas identiquement à la contrainte qu'exerce ce mode d'évaluation. Le groupe dont les membres prennent leurs distances avec les consignes qu'ils sont tenus de suivre en établissant notamment des formes de coopération entre collègues s'avère au bout du compte plus productif que celui qui est le plus engagé dans la compétition. Peter Blau montre, ce faisant, que les comportements informels ne peuvent pas être systématiquement assimilés à des dysfonctionnements, voire qu'ils peuvent contribuer plus efficacement que les réglementations standardisées à remplir les objectifs de l'organisation.

Le contournement des règles bureaucratiques

La seconde enquête réalisée par Peter Blau concerne un service qui a pour mission de contrôler l'application de deux lois fédérales au sein des entreprises. Lorsque les agents chargés d'enquêter constatent des infractions, ils adressent un avertissement à l'entreprise contrevenante, laquelle dispose d'un délai pour se mettre en conformité avec la loi. Dans le cas d'infractions conséquentes ou de récidives, une action en justice peut être intentée. Comme précédemment, Peter Blau constate que c'est lorsque les consignes de travail ne sont pas respectées par les agents chargés de les suivre que les buts impartis à l'institution sont le plus facilement atteints.

Les firmes enquêtées étaient attribuées individuellement aux enquêteurs par le chef de service. Chaque agent avait donc en charge le contrôle de plusieurs entreprises dans lesquelles il devait réaliser un audit. L'évaluation de la fiabilité des informations recueillies et le constat des infractions éventuelles se faisaient au regard d'un ensemble vaste et complexe de lois et réglementations qui nécessitaient des recherches intensives, la consultation du chef de service et parfois l'aide d'un juriste. Une règle interne stipulait qu'en cas de difficulté quelconque dans l'exercice de leur mission, les enquêteurs étaient tenus d'avoir recours à leur chef de service et n'étaient pas autorisés à demander conseil à leurs collègues ni à s'adresser directement au juriste. Le contrôle et l'évaluation individuels des agents par leur chef étaient ainsi facilités.

Or, Peter Blau constate que les enquêteurs se retrouvent fréquemment au bureau. Si certains de leurs échanges sont l'occasion de conversations privées, d'autres ont trait à des questions professionnelles allant d'une demande ponctuelle d'informations à l'évocation de problèmes complexes. L'auteur suggère que cette pratique non officielle est directement due au fait que le recours au supérieur est générateur d'anxiété dès lors que les agents savent que celui-ci ne constitue pas seulement une aide mais aussi une évaluation de leur compétence. Mais Peter Blau montre surtout que ce modèle informel de coopération et de consultations mutuelles remplit des fonctions sociales et pas seulement psychologiques :
– en premier lieu, il transforme un ensemble d'individus atomisés ayant le même supérieur hiérarchique en un groupe uni par des liens d'entraide. Les relations entre les membres du service s'en trouvent stabilisées et de nombreux conflits sont ainsi prévenus ;
– en second lieu, cette cohésion sociale au sein du groupe de collègues contribue à l'amélioration du travail : elle rend le contrôle de la loi plus efficace en améliorant la qualité des décisions de chacun ;
– en troisième lieu, cette forme de coopération renforce l'intérêt des agents pour leur travail en même temps que leur maîtrise de celui-ci.

Toutefois, ce modèle informel de coopération ne remplit pas que des fonctions positives. Les mécanismes mêmes à travers lesquels ces fonctions sont accomplies sont également porteurs de dysfonctions, au nombre desquelles une forte réticence des agents à changer de poste et de service.

Plus fondamentalement, le caractère novateur de cette recherche réside dans l'accent mis sur les capacités de transformation dont les organisations bureaucratiques sont porteuses. Les réglementations, aussi abondantes soient-elles, ne paralysent pas l'activité puisqu'elles sont contournées par les agents chargés de les suivre ou de les faire appliquer. On est à cent lieues de l'hypothèse de Merton concernant l'existence d'une personnalité bureaucratique rigide et tatillonne. Peter Blau met au contraire en évidence les capacités d'action des membres des bureaucraties, capacités à parvenir aux objectifs fixés en dépit de règles contraignantes, capacités de coopération et de négociation. Ces pistes de réflexion seront développées par l'école française de sociologie des organisations (cf. chap. 3).

Les trois recherches empiriques présentées contribuent à la clarification du débat théorique sur la bureaucratie. Si elles n'abordent pas la question avec le même éclairage, elles ont en commun de s'interroger sur la place et le rôle des règles formelles au sein des bureaucraties, en soumettant cette interrogation à l'épreuve de l'observation.

Ainsi, l'analyse de Gouldner permet-elle de saisir les difficultés du passage d'un mode d'autorité traditionnel à un mode d'autorité rationnel-légal, question esquivée par Max Weber. Et Gouldner complète l'analyse de Merton sur les dysfonctions bureaucratiques en montrant que la légitimité et l'efficacité des réglementations sont fonction des modalités qui président à leur conception : si celles-ci ne sont pas acceptées, elles engendrent des dysfonctionnements. Selznick, pour sa part, enrichit différemment la perspective de Merton en mettant l'accent sur le fait que les dysfonctions ne résultent pas seulement de l'abondance de règles formelles, mais aussi de la collusion entre des groupes informels internes et externes à l'organisation. Enfin, la contribution de Peter Blau réside dans le bémol mis sur la question des dysfonctionnements : les organisations bureaucratiques n'apparaissent pas aussi rigides que le laisse supposer l'analyse de Merton, dans la mesure où leurs membres savent contourner les réglementations pour remplir les missions qui leur sont fixées.

Bien évidemment, ces recherches ne sont pas exemptes de critiques. En particulier, elles restent étroitement tributaires des couples d'opposition formel/informel ou officiel/non officiel. Mais ces travaux constituent des jalons importants pour ceux qui vont suivre. Au delà de la bureaucratie dans son acception étroite, ce sont bien les organisations dont ils ont contribué à faire avancer la connaissance. Celle-ci va désormais progresser sur un terrain bien balisé.

2

DES ORGANISATIONS FORMELLES À L'ACTION ORGANISÉE

Au cours des années 50, la notion d'organisation se substitue peu à peu à celle de bureaucratie. En effet, cette dernière connaît un renversement sémantique que l'on a vu s'amorcer dans le chapitre précédent. L'accent mis, à la suite de Robert K. Merton, sur les effets inattendus de la rationalisation bureaucratique conduit, le plus souvent, à assimiler bureaucratie et dysfonctionnements. La notion de cercle vicieux bureaucratique forgée par Michel Crozier[1] illustre pleinement ce renversement sémantique.

Mais le glissement d'un terme à l'autre ne signifie pas pour autant un changement de perspective théorique. Les travaux sur les organisations formelles, puis sur l'action organisée, prolongent ceux qui s'efforçaient de comprendre les paradoxes de la bureaucratie. Ils s'inscrivent dans le même paradigme fonctionnaliste[2] et sont contemporains de sa montée en puissance. En sociologie, ce paradigme est étroitement attaché aux noms de Talcott Parsons et de Robert K. Merton dont les analyses et les concepts vont constituer des ressources durables pour une bonne partie de la sociologie des organisations. Le passage à la notion d'organisation correspond, par conséquent, à une entreprise de systématisation de la réflexion. Celle-ci se poursuit jusqu'à aujourd'hui des deux côtés de l'Atlantique[3], même si le caractère fonctionnaliste tend désormais à être quelque peu euphémisé.

La réflexion sur les organisations se constitue initialement à travers l'exploration de deux voies de recherche sensiblement distinctes. D'une part, Talcott Parsons pose les bases d'une formalisation théorique de la structure des organisations formelles et de leur place au sein de la structure sociale englobante. D'autre part, James March et Herbert Simon, dans une synthèse

1. *Le Phénomène bureaucratique*, Paris, coll. « Points-Seuil », 1964.
2. Cf. Jean François Chanlat et Francine Séguin, *L'Analyse des organisations. Une anthologie sociologique*, deux tomes, Québec, Gaëtan Morin, 1992.
3. Cf. Jean François Chanlat, « L'analyse sociologique des organisations : un regard sur la production anglo-saxonne contemporaine (1970-1988) », *Sociologie du travail*, 3, 1989, pp. 381-399 et Erhard Friedberg, *Le Pouvoir et la Règle*, Paris, Seuil, 1993.

éclairante, se penchent sur les comportements des membres des organisations[4]. De quoi sont-ils capables ? De quelles capacités les dotent les nombreux travaux de management, de psychologie, de sociologie, d'analyses administratives qui se sont penchés sur les organisations ? Les recherches importantes qui leur font suite s'efforcent alors, le plus souvent, de combler l'écart entre ces deux voies de recherche. En France, les travaux de Michel Crozier, qui accordent une place centrale à la question du pouvoir, témoignent tout particulièrement du caractère fructueux de cette voie intermédiaire qui prend pour objet l'action organisée au sens large.

1. L'ORGANISATION COMME SYSTÈME SOCIAL

L'une des caractéristiques structurelles marquantes de la société moderne occidentale, constate Talcott Parsons, est la prééminence, à une relativement grande échelle, d'organisations aux fonctions spécialisées. Leur armature est faite de rôles institutionnels caractérisés par une séparation entre, d'une part, le statut et les responsabilités de leurs occupants et, d'autre part, leurs affaires privées. Sur la base de cette description inspirée de l'analyse wébérienne, Parsons lance, en 1956, un programme de recherche sur les organisations formelles et esquisse les premiers éléments d'un cadre d'analyse. Le projet consiste à répertorier les différents types d'organisations formelles et à tester sur les organisations la pertinence des schèmes d'analyse élaborés pour rendre compte des systèmes sociaux en général. Parsons lui-même confrontera, au cours des années suivantes, son cadre d'analyse aux organisations éducatives et psychiatriques[5].

4. James March et Herbert Simon, *Organizations*, New York, John Wiley & Sons, 1958 (Traduction française : *Les Organisations*, Paris, Dunod, 1969).
5. Talcott Parsons publie, en 1956, deux articles définissant le programme de recherches et les contours d'un possible cadre d'analyse : « Suggestions for a Sociological Approach to the Theory of Organizations », I et II, *Administrative Science Quarterly,* vol. 1, n° 1 et 2, 1956. Ces articles seront repris dans le premier chapitre de l'ouvrage : *Structure and Process in Modern Societies*, The Free Press of Glencoe, Illinois, 1960. Le second chapitre de ce même ouvrage contient la contribution portant sur les organisations éducatives. Celle-ci avait fait l'objet d'une première publication en 1957. Enfin, la contribution sur l'hôpital psychiatrique est parue dans Greenblatt, Levinson et Williams (eds.), *The Patient and the Mental Hospital,* The Free Press, 1958.

Qu'est-ce que le théoricien de la sociologie américaine apporte à la connaissance des organisations ? En premier lieu, et cela est loin d'être négligeable, Parsons constitue les organisations formelles en objet d'étude légitime, par-delà les découpages académiques qui tendent à considérer que les entreprises sont du ressort de l'économie, que les organisations gouvernementales sont l'objet de la science politique et que les établissements scolaires relèvent des spécialistes des questions éducatives. En second lieu, Parsons inscrit l'analyse des organisations dans une théorie générale de la structure sociale et des systèmes sociaux.

Pour Parsons, les organisations sont des systèmes ou plus exactement des sous-systèmes, fonctionnellement différenciés, du système social englobant. Elles ont donc les mêmes propriétés formelles que les autres systèmes sociaux même si elles sont conçues en vue de la réalisation de buts spécifiques tels que la production des biens et des services, l'éducation de la jeunesse ou la défense de la nation qui constituent les buts respectifs des entreprises, des institutions scolaires et de l'armée. Ces buts, les organisations les réalisent à travers les relations qu'elles entretiennent avec l'environnement au sein duquel elles opèrent. Elles ne sont donc pas isolées mais évoluent au sein d'un univers composé d'autres sous-systèmes avec lesquels elles sont fonctionnellement en rapport. Parsons considère qu'il y a interdépendance entre les différentes composantes de la structure sociale : les unes ont besoin des autres pour atteindre leurs objectifs propres. De fait, une organisation n'est jamais complètement réductible au but spécifique qu'elle cherche à atteindre. Une entreprise n'est pas seulement une organisation économique axée sur la production et le profit, ne serait-ce que parce que les biens produits doivent répondre à certaines normes édictées par la société environnante. L'institution scolaire ne se réduit pas uniquement à une organisation éducative dispensant du savoir, elle doit aussi se préoccuper d'identifier les éléments pertinents du savoir à transmettre, de recruter des enseignants, de gérer des locaux et du matériel pédagogique, etc. L'armée, quant à elle, ne se limite pas à assurer la défense du territoire national mais consacre beaucoup de temps à inculquer à ses membres la loyauté vis-à-vis de l'institution.

Pour agir, les organisations doivent, par conséquent, s'assurer que toute une série de fonctions — communes à tous les systèmes sociaux — sont remplies. Ces fonctions sont, dans la théorie parsonienne, au nombre de quatre. La fonction de **reproduction des normes et des valeurs** définit les orientations fondamentales de l'organisation, lesquelles vont guider les activités des membres. C'est également à travers cette fonction que sont réglés les problèmes d'ajustement et de désajustement entre les buts poursuivis par une organisation et les normes et les valeurs de la société globale. La fonction d'**adaptation** mobilise les ressources nécessaires à l'accomplissement des buts poursuivis. Il peut s'agir, bien évidemment, de ressources naturelles mais aussi de capital, de travail et de ressources intellectuelles. La fonction d'**exécution** est chargée de la réalisation des buts et, pour cela, s'occupe de gérer les ressources matérielles et humaines nécessaires. Enfin, la fonction d'**intégration** veille à l'harmonie des différents éléments de l'organisation ainsi qu'à l'engagement et à la loyauté des membres qui la composent.

L'analyse parsonienne des organisations repose, par conséquent, sur un modèle théorique abstrait. Les organisations sont pensées à l'image de la société, dont elles reproduisent la structure tout en constituant des rouages essentiels de celle-ci. En effet, les organisations ne sont pas des îlots totalement coupés les uns des autres mais participent au fonctionnement de la société, dans laquelle elles sont insérées. Parsons est donc logiquement conduit à proposer une classification des organisations à partir des buts et des fonctions premières qu'elles remplissent dans le système social global.

Talcott Parsons met donc l'accent sur les buts poursuivis par les organisations et sur les fonctions qu'elles remplissent en vue d'un fonctionnement harmonieux du système social global. Ces orientations vont marquer durablement la sociologie des organisations, notamment à travers son vocabulaire. Toutefois, à côté d'une perspective qui confère à l'architecture du système organisationnel une place centrale, d'autres travaux abordent les organisations en faisant porter l'interrogation sur les comportements de leurs membres.

2. Les comportements des membres des organisations

En 1958 est publié, aux États-Unis, un ouvrage de James March et Herbert Simon intitulé sobrement *Organizations* (1958, *op. cit.*). Les auteurs — un psychosociologue et un économiste — y proposent une relecture de tous les travaux antérieurs ayant produit, peu ou prou, des éléments de connaissance sur les organisations. Plus qu'une vaste compilation, il s'agit d'une véritable mise en perspective — guidée par une problématique originale — d'analyses relevant aussi bien des sciences administratives et du management que de l'économie, de la psychologie, de la science politique ou de la sociologie.

Toute théorie des organisations s'accompagne inévitablement, remarquent les auteurs, d'une philosophie de l'être humain, dans la mesure où les organisations sont composées de membres qu'il faut bien prendre en compte d'une manière ou d'une autre. Identifier les grandes conceptions des comportements humains engagées dans les différentes approches des organisations et, ce faisant, mettre de l'ordre dans la multitude des travaux réalisés antérieurement constitue le premier aspect de l'analyse de March et Simon.

2.1 Trois conceptions des comportements humains

– La première conception, préoccupée de rationalisation du travail, considère que les membres des organisations, et plus particulièrement les employés, sont avant tout des instruments passifs, essentiellement aptes à exécuter un travail, à recevoir des ordres et des directives sans pouvoir faire preuve d'initiative. Les travaux de Taylor et de toute la mouvance de la direction scientifique des entreprises ainsi que certaines théories de gestion administrative incarnent, de façon exemplaire, cette conception.
– La deuxième conception met l'accent sur le fait que les membres des organisations importent en leur sein leurs propres attitudes et systèmes de valeur, lesquels ne sont pas forcément ajustés aux objectifs poursuivis par l'organisation. En conséquence, ces théories considèrent que les tensions susceptibles de résulter d'une telle divergence confèrent aux rapports

humains une importance centrale s'agissant d'expliquer les comportements des membres : ceux-ci doivent être motivés ou stimulés pour participer aux buts de l'organisation. L'École des relations humaines animée par Elton Mayo, la psychologie sociale industrielle centrée sur les problèmes de satisfaction au travail, les travaux sur la dynamique des groupes développent de tels présupposés quant aux comportements des membres des organisations.
– La troisième conception privilégie le fait que les membres d'une organisation ont pour tâche de prendre des décisions et de résoudre des problèmes. Les approches qui partent de ce présupposé mettent l'accent sur les processus cognitifs, les modes de raisonnement et d'analyse pour rendre compte des comportements humains au sein des organisations. Moins travaillée que les deux précédentes, cette conception est néanmoins présente dans des travaux portant sur les mécanismes de planification administrative et dans les analyses de psychologie du travail s'intéressant aux processus de résolution de problèmes. C'est cette dernière conception que March et Simon vont largement renouveler.

En dépit des apparences, la mise en ordre opérée dans la littérature passée en revue n'est pas une simple classification. L'originalité de l'analyse de March et Simon réside dans le fait que ces trois catégories de présupposés sur les comportements des membres ne s'équivalent pas mais correspondent à une progression de la réflexion sur les organisations. Le deuxième présupposé ajoute une dimension nouvelle au premier et, à ce titre, est plus abouti et le troisième intègre et dépasse les propositions contenues dans les deux premiers.

Ainsi, la première conception introduit le rationalisme dans l'organisation mais repose sur une théorie erronée des acteurs sociaux. En effet, l'employé y est instrumentalisé, les hypothèses de motivation qui lui sont sous-jacentes surévaluent l'importance de l'argent alors que les conflits d'intérêts sont, par contre, sous-estimés. Par ailleurs, est associé à cette conception le postulat selon lequel l'ensemble complet des activités peut être spécifié à l'avance. Or, les approches reposant sur une telle conception des comportements au sein des organisations font deux impasses. En premier lieu, elles ne voient pas que l'ensemble des activités à exécuter n'est jamais totalement déterminé par avance, à l'aide de consignes, de fiches standard ou d'organigrammes. Les programmes d'activités sont soumis à des contingences, à des circonstances non prévues que de nouveaux programmes s'efforcent d'intégrer, lesquels ont, à leur tour, besoin d'être rodés en vue de la réalisation des activités quotidiennes. En second lieu, dès lors que l'on considère que tout peut être spécifié à l'avance, les problèmes de coordination ne sont pas pris en compte.

La deuxième conception repose, on l'a vu, sur l'idée que les comportements humains, au sein des organisations, sont dominés par des rapports interpersonnels, par des problèmes d'affectivité, de motivation et de satisfaction avec lesquels les exigences de rationalité technique et organisationnelle doivent s'accorder. Si cette série de propositions vient utilement compléter la connaissance du fonctionnement des organisations, elle demeure cependant insuffisante. March et Simon font ainsi une démonstration magistrale des limites des théories de la motivation associant mécaniquement productivité et satisfaction au travail et montrent qu'il n'existe aucun effet causal simple. De telles théories omettent simplement de prendre en compte cette dimension de l'activité humaine qui réside dans la possibilité d'opérer des choix, de prendre des décisions pour limiter l'éventuelle insatisfaction ressentie dans le travail. On voit, ce faisant, que la critique de March et Simon fait appel à des éléments relevant de la troisième conception.

Cette discussion critique des travaux antérieurs n'est jamais gratuite. Elle permet d'avancer des propositions quant au fonctionnement des organisations et balise le chemin menant à l'exposé d'une théorie originale des comportements humains qui dépasse le cadre de l'analyse des organisations[6]. March et Simon vont montrer que seule une théorie partant de l'hypothèse que les membres des organisations opèrent des choix et prennent des décisions permet de renouveler l'analyse des organisations.

6. Herbert Simon a développé précédemment cette théorie — qui lui vaudra, en 1978, le prix Nobel d'économie — dans deux articles : « A Behavioral Model of Rational Choice », *Quaterly Journal of Economics*, n° 69, 1955, pp. 99-118 et « Rational Choice and the Structure of Environment », *Psychological Review*, n° 63, 1956, pp. 129-138.

2.2 La théorie de la rationalité limitée

Quel est le degré de rationalité des choix opérés et des décisions prises dans les organisations ? Les analyses existantes, qui partent du présupposé que les membres des organisations ont pour tâche de résoudre des problèmes et de prendre des décisions, sont, pour l'essentiel, des travaux de théorie pure assez éloignés des réalités auxquelles sont confrontés les acteurs sociaux au sein des entreprises. March et Simon se proposent, par conséquent, d'examiner en quoi la rationalité concrète des membres des organisations se rapproche et s'éloigne de la rationalité de l'*homo-économicus* postulée par l'économie néo-classique ou encore de la rationalité modélisée par les théories statistiques de la décision. Ces différentes théories ont en commun de postuler que l'individu recherche toujours la solution optimale. Or, un tel postulat ne va pas de soi. Il implique un certain nombre d'opérations que March et Simon s'attachent à décomposer :
– en premier lieu, la recherche de la solution optimale suppose que l'individu en question puisse étaler, devant lui, l'éventail complet des possibilités de choix ;
– en second lieu, cela suppose également qu'un tel individu puisse mesurer en terme de certitude, de risque ou d'incertitude la série de conséquences qui s'attache à chacune des possibilités de choix ;
– enfin, cela suppose que, dès le départ, cet individu soit capable de classer toutes les séries de conséquences des différentes possibilités de choix en fonction d'un ordre de préférence.

Il est donc nécessaire que ces trois conditions soient réunies pour affirmer que l'on est en présence d'un choix optimal. March et Simon s'appliquent à démontrer que, pas plus au sein des organisations que dans la vie économique, les acteurs sociaux ne recherchent la solution optimale. Le plus souvent, ils n'en ont pas le temps. De surcroît, leurs capacités de traitement de l'information ainsi que d'organisation et d'utilisation de leur mémoire ne le leur permettent pas. Chacun s'arrête — de manière consciente ou non — à la première solution satisfaisante qu'il rencontre. Les critères de satisfaction auxquels les individus ont recours dépendent à la fois des valeurs qu'ils possèdent et de la perception qu'ils ont de la réalité. March et Simon recourent à la notion de **rationalité limitée** pour signifier qu'en matière de prise de décision, on s'arrête à la première solution satisfaisante. Conçue ainsi, la rationalité définie par March et Simon est radicalement différente de celle envisagée par Taylor : personnel d'encadrement et d'exécution sont dotés des mêmes capacités et des mêmes limitations cognitives. Ce faisant, l'ensemble des facteurs perçus jusqu'alors comme « non rationnels » (motivations, affects, etc.) peut être réintégré dans cette rationalité qui consiste à s'arrêter à la première solution satisfaisante. Car, contrairement aux travaux de psychologie sociale, March et Simon ne considèrent pas que les membres des organisations ont des comportements irrationnels : ceux-ci sont au contraire tout à fait sensés. Simplement, les choix opérés et les décisions prises sont soumis à des contraintes provenant de certaines caractéristiques de l'être humain.

L'organisation, telle que la conçoivent March et Simon, est donc composée de membres dotés de capacités cognitives qui, toutefois, connaissent des limites. Les situations réelles sont le plus souvent trop complexes pour que soient envisagées à l'avance, à l'instar de la conception taylorienne, des solutions pour chaque problème susceptible de se poser. Pourtant, les organisations ne sont pas, pour autant, abandonnées à la fantaisie de leurs membres : elles ont recours à des « répertoires de programmes d'action » qui permettent de traiter, non une tâche unique, mais une gamme variée de situations. De tels répertoires, s'ils orientent et structurent le traitement des opérations concrètes, laissent néanmoins une place à l'initiative des membres des organisations. Ceux-ci sont amenés à résoudre certains problèmes d'ajustement et à faire face à des situations nouvelles. Cette perspective sera notamment développée par R.M. Cyert et James G. March[7]. Ceux-ci montrent comment la présence de routines organisationnelles contribue à soulager les membres de l'entreprise qui peuvent, dès lors, consacrer leur attention au traitement de problèmes inattendus. Plus qu'une lecture fonctionnaliste de l'entreprise, ainsi que le suggère Erhard Friedberg (1993, *op. cit.*, pp. 64-66), cet aspect des analyses de March et

7. *A Behavioral Theory of the Firm*, Englewood Cliffs, N.J., Prentice-Hall, 1963.

Simon et de Cyert et March n'apparaît pas très éloigné des analyses récentes de sociologie cognitive[8].

L'approche de March et Simon contribue à un renouvellement de la sociologie des organisations en intégrant notamment l'analyse théorique de la prise de décision individuelle à l'analyse empirique des organisations. Cette perspective va nourrir la problématique de l'analyse stratégique.

3. L'ANALYSE STRATÉGIQUE

En France, la sociologie des organisations a connu un développement tardif alors qu'elle faisait déjà preuve d'une grande vitalité, ainsi qu'on l'a vu, aux États-Unis. Son essor est lié à la personne de Michel Crozier qui fonde, au début des années 60, le Centre de sociologie des organisations (CSO) et forme, pendant une trentaine d'années, de nombreux jeunes chercheurs ainsi que de futurs consultants et professionnels des ressources humaines. La force de Michel Crozier est d'avoir importé en France les travaux américains de sociologie des organisations. Il a contribué à la traduction de certains d'entre eux et a élaboré sa réflexion dans leur prolongement. Trois ouvrages marquants résument une problématique enrichie par un travail collectif mené au sein du CSO. Le premier, *Le Phénomène bureaucratique* (1964, *op. cit.*), est l'occasion de mettre l'accent sur les relations de pouvoir qui se développent dans les organisations, élément que les chercheurs américains avaient encore peu approfondi. Le second, *L'Acteur et le Système*, publié en collaboration avec Erhard Friedberg, présente l'armature théorique de l'analyse stratégique[9]. Le troisième, *Le Pouvoir et la Règle*, d'Erhard Friedberg (1993, *op. cit.*), propose une réactualisation de la réflexion théorique du CSO à travers notamment la discussion des travaux américains et français les plus récents. Michel Crozier a également publié

8. Cf. le numéro de *Sociologie du travail*, vol. XXXVI, intitulé « Travail et cognition », 1994, et, notamment, l'introduction de Bernard Conein ainsi que les contributions de Aaron V. Cicourel et de Edwin Hutchins.
9. Paris, coll. « Points-Seuil », 1977.

de nombreux essais aux titres évocateurs, renouant avec la tradition classique des conseils donnés au prince sur la façon de gouverner[10].

Parler d'armature théorique n'implique pas pour autant un cadre conceptuel statique et intangible. La réflexion menée au sein du CSO sous la direction de Michel Crozier a évolué et s'est affinée au cours des années même si, comme on le verra, un certain nombre de postulats et de concepts demeurent.

3.1 Les relations de pouvoir au sein des ateliers de la SEITA

Le Phénomène bureaucratique (Crozier, 1964, *op. cit.*) est davantage qu'un prolongement abouti de l'analyse de Robert Merton sur les dysfonctions bureaucratiques. En effet, Michel Crozier élargit le champ de la réflexion à la thématique des relations de pouvoir qu'il est amené à reconceptualiser. Par ailleurs, cet ouvrage est, à bien des égards, un modèle d'analyse sociologique dans la mesure où il développe une réflexion théorique remarquablement étayée par des investigations empiriques menées au sein de deux grandes organisations : l'administration des Chèques postaux et la SEITA.

On ne retiendra ici que le cas de la SEITA en raison de ses vertus pédagogiques. L'objet de la recherche entreprise par Michel Crozier au sein de cette organisation que, dans l'ouvrage, il appelle le Monopole Industriel, est d'explorer les sources et les conditions du développement du **phénomène bureaucratique**. Dans la lignée de Merton, Crozier nomme organisation bureaucratique toute organisation paralysée par une abondance de procédures. Son analyse repose sur des investigations approfondies menées au sein de trois usines de la région parisienne et validées par une enquête portant sur vingt autres usines réparties sur l'ensemble du territoire français. Il se centre sur trois aspects du fonctionnement de la SEITA : les normes du groupe ouvrier et les rapports d'autorité, les relations au sein de l'équipe de direction, l'organisation des ateliers et les relations entre les différents

10. *La Société bloquée*, Paris, Seuil, 1970 (réédité dans la coll. « Points-Politique », n° 47) ; *On ne change pas la société par décret*, Paris, Grasset, 1979 (réédité dans la coll. « Hachette-Pluriel ») ; *État modeste, État moderne - Stratégie pour un autre changement*, Paris, Fayard, 1987 (réédité dans la coll. « Points-Essais », n° 223).

groupes professionnels qui les composent. C'est ce dernier aspect que l'on va plus précisément développer.

L'organisation des ateliers de la SEITA

Les ateliers de la SEITA comportent trois catégories de personnel : des chefs d'atelier, des ouvrières de production à faible qualification, réparties en conductrices de machine et en manutentionnaires, et enfin des ouvriers d'entretien assez fortement qualifiés et ne dépendant pas hiérarchiquement des chefs d'atelier mais d'un ingénieur rattaché à l'équipe de direction. Ces ouvriers d'entretien sont, par ailleurs, affectés de façon fixe à un atelier, et chacun d'eux a la charge exclusive de trois machines de production qu'il a mission de régler, d'entretenir et sur lesquelles il doit effectuer de petites réparations. La caractéristique majeure de l'organisation de la SEITA réside dans la séparation stricte entre ces trois catégories de personnel aux tâches clairement délimitées et aux carrières séparées. L'organisation du travail, où la rationalisation et la spécialisation des tâches sont extrêmement fortes, où des normes de production et des primes au rendement encadrent la fabrication, n'incite pas à la coopération entre les membres du personnel. Rien n'est laissé au hasard, à l'arbitraire des individus ou à la négociation dans la mesure où des règles impersonnelles s'efforcent de résoudre par avance les problèmes susceptibles de se poser. Michel Crozier donne l'exemple du règlement d'ancienneté, qui codifie notamment la répartition des postes de travail entre les ouvrières de production. Dès qu'un poste est vacant, suite à un départ, une absence ou une panne, celui-ci doit revenir à l'ouvrière la plus ancienne en grade parmi les volontaires et si celles-ci font défaut, c'est la moins ancienne qui y sera affectée d'office. De telles règles cherchent à éviter les conflits en répertoriant par avance les problèmes pouvant survenir et en envisageant une solution *ad hoc*. Pourtant, l'observation du fonctionnement ordinaire des ateliers de la SEITA atteste de l'impuissance relative de cet ensemble de règles et de préceptes.

Les relations entre les différents groupes professionnels

L'examen attentif des relations existantes conduit au constat suivant :

– les ouvrières de production manifestent peu de respect à l'égard des chefs d'atelier dont elles dépendent hiérarchiquement ;

– elles font preuve d'une hostilité sourde à l'égard des ouvriers d'entretien, accusés d'être peu pressés de réparer les machines. De leur côté, les ouvriers d'entretien jugent les ouvrières négligentes et peu travailleuses tout en étant paternalistes à leur égard. Si le jugement général est plutôt négatif, la relation personnelle nouée avec l'ouvrier d'entretien qui règle la machine sur laquelle on travaille ou avec l'ouvrière de production qui est en poste sur la machine dont on effectue les réglages est jugée, de part et d'autre, plutôt bonne ;
– enfin, les ouvriers d'entretien se montrent agressifs à l'égard des chefs d'atelier dont ils critiquent la compétence cependant que ces derniers se montrent plutôt résignés, sauf dans l'usine où ils sont les plus jeunes et les mieux formés.

Michel Crozier s'emploie à montrer que les relations entre ces trois groupes professionnels sont des relations de pouvoir dont la manifestation la plus aiguë est produite par l'événement qui les met fonctionnellement en rapport, à savoir les pannes. Celles-ci constituent le seul événement important qui ne peut être prévu à l'avance et pour lequel on n'est pas complètement parvenu à élaborer des règles impersonnelles impératives. Par ailleurs, de par la compétence technique qu'ils détiennent, les ouvriers d'entretien sont les seuls, au sein de l'atelier, à pouvoir traiter cet événement. Les ouvrières de production et les chefs d'atelier sont donc dépendants de leur bon vouloir. De plus, les règles existantes viennent encore renforcer cette dépendance dans la mesure où elles prévoient que si la panne dure plus d'un certain temps, les ouvrières seront affectées à des tâches de manutention rétribuées à un salaire inférieur. Il en résulte un climat d'incertitude, d'autant plus important que l'on se situe dans un univers où tout est, par ailleurs, prévu dans les moindres détails. Les seuls susceptibles de tirer profit de ces incertitudes sont les ouvriers d'entretien qui disposent, dès lors, d'une source de pouvoir non négligeable. En effet, les ouvrières de production, mais aussi les chefs d'atelier, vont s'efforcer d'obtenir d'eux le meilleur traitement possible. Les relations hiérarchiques habituelles s'en trouvent court-circuitées. Une telle situation engendre des frustrations et ceux qui les vivent sont conduits à exercer des pressions pour que soient instaurées de nouvelles règles impersonnelles aptes à mieux encadrer les sources d'incertitudes existantes, créant ainsi ce que Michel Crozier a appelé un cercle vicieux bureaucratique.

Le cercle vicieux bureaucratique

La démonstration peut être résumée de la façon suivante :

– les cercles vicieux bureaucratiques se développent dans des organisations dont le fonctionnement est fondé sur des règles impersonnelles ;

– les règles ne parviennent jamais à tout prévoir ; de surcroît, leur nombre engendre des contradictions : il reste donc toujours des zones d'incertitude ;

– les membres de l'organisation cherchent à contrôler ces zones d'incertitude en vue d'accroître leur pouvoir au sein de l'organisation ;

– lorsqu'ils y parviennent, s'établissent de nouvelles relations qui engendrent des frustrations chez les acteurs qui les subissent ;

– ceux-ci sont alors conduits à faire pression pour que soient édictées de nouvelles règles impersonnelles capables d'encadrer les sources d'incertitude qui ont été repérées ;

– les nouvelles règles ainsi produites créent, dans leur confrontation avec les règles antérieures, de nouvelles sources d'incertitude dont vont se saisir des acteurs ou des groupes d'acteurs au sein de l'organisation, etc.

Outre l'abondance des règles impersonnelles et le développement des relations de pouvoir parallèles sur lesquels nous avons largement insisté, le cercle vicieux bureaucratique se nourrit également de la centralisation des décisions ainsi que de l'isolement des différentes catégories hiérarchiques. En effet, pour qu'une règle soit véritablement impersonnelle, il faut que le niveau qui l'édicte ne soit pas celui qui la fait appliquer. La centralisation apparaît donc comme une façon d'éliminer l'arbitraire avec, comme prix à payer, une forte rigidité organisationnelle (ce dont témoigne également l'administration des Chèques postaux au moment des investigations menées par Michel Crozier). Il en résulte un isolement des différentes catégories hiérarchiques dans la mesure où la centralisation des décisions et les règles impersonnelles qui l'accompagnent limitent les relations et tendent à supprimer tant l'arbitraire des supérieurs hiérarchiques vis-à-vis de leurs subordonnés que les possibilités de pressions personnelles des subordonnés à l'égard de leurs supérieurs.

Avec Michel Crozier, le terme de bureaucratie se confond définitivement avec celui de dysfonctionnement et tend à désigner souvent, de façon quelque peu réductrice, les seules organisations publiques. L'originalité de son approche réside moins dans l'identification et la labellisation du cercle vicieux bureaucratique, préparées notamment par les travaux de Merton, Gouldner, Selznick et Blau, que dans le fait d'avoir braqué le projecteur sur les relations de pouvoir qui se nouent au sein des organisations. On ne soulignera jamais assez le caractère novateur de l'analyse croziérienne des relations de pouvoir : celui-ci n'est pas réductible aux rapports hiérarchiques et réside dans la capacité des acteurs, quelle que soit leur place dans l'organisation, à repérer et à se saisir des sources d'incertitude qui s'y trouvent. On remarquera, ce faisant, qu'une telle perspective reconnaît le caractère actif des acteurs sociaux. En cela, Michel Crozier se situe bien dans le sillon creusé par March et Simon.

3.2 Postulats et concepts de l'analyse stratégique

L'Acteur et le Système (Crozier et Friedberg, 1977, *op. cit.*) constitue une première formalisation théorique de l'analyse stratégique, cependant que *Le Pouvoir et la Règle* (Friedberg, 1993, *op. cit.*) en présente une actualisation plus récente. L'ambition de Crozier et Friedberg est de dépasser l'opposition récurrente entre liberté individuelle et déterminisme des structures sociales. Dans cette perspective, l'étude des organisations ne constitue plus, à proprement parler, une finalité en elle-même. En tant que forme sociale plus visible, plus structurée et instituée que d'autres, l'organisation offre un modèle expérimental des difficultés et des problèmes de coopération que pose toute action collective. La densité de l'analyse stratégique amène inévitablement à en proposer une présentation sélective et donc quelque peu simplifiée. Dans un premier temps, on s'attachera à mettre en lumière le substrat de l'analyse stratégique : propositions qui, généralement, résultent de démonstrations antérieures mais cessent, au fil du temps, d'être réinterrogées pour acquérir le statut de postulats et pour dégager, en quelque sorte, une philosophie de l'acteur. Puis on se centrera sur quelques concepts clés : stratégie, pouvoir et système.

Une philosophie de l'acteur

En premier lieu, Crozier et Friedberg considèrent que les acteurs sociaux disposent toujours d'une marge de liberté. Au sein d'une organisation, ceux-ci n'acceptent jamais d'être traités comme des moyens au service de buts fixés par la direction. Ils poursuivent leurs propres objectifs, lesquels ne sont pas nécessairement compatibles avec ceux de l'organisation. Aussi contraignante soit-elle, celle-ci ne parvient jamais à réduire totalement la marge de jeu des acteurs. L'analyse stratégique va donc braquer le projecteur sur ce que les acteurs font de cette liberté relative.

En second lieu, qui dit marge de liberté dit clairement que cette liberté n'est pas absolue. Elle est soumise à des contingences et des contraintes. Les acteurs règlent leur coopération en construisant des moyens (principes, lois, réglementations, hiérarchisation, etc.) qui structurent le champ de l'action et la rendent possible. L'analyse stratégique va s'interroger sur les mécanismes à travers lesquels cette structuration opère.

En troisième lieu, les acteurs utilisent leur marge de liberté à acquérir du pouvoir au sein des organisations. L'analyse stratégique considère que ce qui motive les acteurs à agir, c'est d'acquérir du pouvoir sur d'autres acteurs. Le pouvoir apparaît comme l'élément clé de la dynamique de l'action collective et, ce faisant, des organisations.

Enfin, la rationalité des acteurs est une rationalité limitée. La démonstration de March et Simon est considérée comme définitivement acquise et l'analyse stratégique va se focaliser sur le repérage des conditions matérielles, structurelles et humaines du contexte qui limitent et définissent tant la liberté des acteurs que leur rationalité.

Les concepts clés : stratégie, pouvoir, système

Le premier d'entre eux est, bien évidemment, le concept de stratégie qui a donné son nom au cadre d'analyse. Il s'agit d'une notion purement opératoire : elle permet de ne pas dissocier les comportements ou les actions des acteurs du contexte organisationnel — qui est un construit social — dans lequel ils se déroulent (Crozier et Friedberg, 1977, *op. cit.*, p. 49). L'acteur agit sans avoir des objectifs clairs et des projets nécessairement cohérents. Il n'est pas pour autant irrationnel. Sa rationalité s'exerce dans la saisie d'opportunités définies par un contexte donné et dans la prise en compte du comportement des autres acteurs et du jeu qui s'établit entre eux. La notion de stratégie, associée à celles de calcul et d'intérêt, ne désigne pas nécessairement un plan intentionnel articulé sur des moyens ajustés à sa réalisation mais des régularités repérées par l'observateur et qui n'ont de sens que rapportée à quelque chose comme une stratégie. Ainsi, l'agressivité des ouvriers d'entretien de la SEITA à l'égard des chefs d'atelier peut-elle s'analyser comme une stratégie visant à maintenir ceux-ci dans un état d'infériorité et à conserver leur propre influence au sein de l'atelier ; de même, la résignation des chefs d'atelier peut être interprétée comme une stratégie de défense. Les stratégies en présence ne se comprennent donc que par rapport à la structuration des relations de pouvoir.

Le second concept est celui de pouvoir. On a vu précédemment l'originalité de la définition croziérienne. Il convient néanmoins, en raison de la place occupée par cette notion dans l'analyse stratégique, d'en préciser les propriétés et les principales sources. Le pouvoir n'est donc pas un attribut mais bien une relation déséquilibrée impliquant cependant l'échange et la négociation. Par ailleurs, cette relation a une finalité : lorsque deux acteurs s'engagent dans une relation de pouvoir, c'est rarement dans le but de mesurer leur force respective ; généralement, la capacité d'action de l'un dépend du comportement de l'autre. Ce dernier contrôle donc la possibilité qu'a le premier d'atteindre ses objectifs et plus son comportement sera imprévisible, plus son pouvoir sur son partenaire sera grand. Bien entendu, les ensembles organisés tentent de réguler le déroulement des relations de pouvoir et de contraindre la liberté d'action des acteurs à travers des organigrammes et des règlements. Crozier et Friedberg identifient quatre sources principales de pouvoir au sein des organisations correspondant à des zones d'incertitude permanentes : celle reposant sur la compétence ou sur une spécialisation fonctionnelle difficilement remplaçable (c'est le cas des ouvriers d'entretien de la SEITA), celle fondée sur la maîtrise des relations avec l'environnement, celle fondée sur la maîtrise de l'information et de la communication interne et, enfin, celle reposant sur l'utilisation des règles organisationnelles qui, à travers les marchandages auxquels elles donnent lieu, constituent une source non négligeable de pouvoir dont jouent supérieurs hiérarchiques et subordonnés.

L'analyse stratégique a également recours au concept de système qui implique un raisonnement attaché à comprendre, non plus la capacité d'action des acteurs en présence comme le suggère le concept de stratégie, mais les caractéristiques du jeu qu'ils composent, conçu comme un espace complexe de relations. Le concept de stratégie s'applique aux comportements et aux jeux auxquels se livrent les acteurs, le concept de système s'applique, lui, au résultat de ces comportements et de ces jeux. Crozier et Friedberg sont extrêmement attentifs à se démarquer des utilisations qui sont faites du concept de système, notamment par l'analyse fonctionnaliste et l'analyse cybernétique. La première, à l'instar de la sociologie de Talcott Parsons, postule que chacun des éléments composant le système remplit une fonction indispensable et que celui-ci est doté de mécanismes de stabilisation et d'équilibre des différentes fonctions en présence. La seconde conçoit un système organisé et régulé dépendant de flux d'informations, et doté de mécanismes automatiques de réajustement stockés dans son dispositif de réglage. De telles conceptions sont jugées trop abstraites et considérées comme appréhendant imparfaitement la réalité. Cela conduit Crozier et Friedberg à forger une nouvelle notion, celle de « système d'action concret ».

3.3 L'analyse des systèmes d'action concrets

La notion de « système d'action concret » cherche à désigner, comme son nom l'indique, un phénomène concret vérifiable empiriquement. Il s'agit d'un construit social dont la régulation n'est pas naturelle dans la mesure où elle s'opère par l'action de jeux structurés auxquels participent les acteurs sociaux. La nature et les règles de ces jeux conditionnent à chaque instant les stratégies des acteurs mais sont, en retour, conditionnées par elles. Il n'y a pas qu'une seule stratégie possible pour chaque acteur. Par ailleurs, le jeu peut être transformé sous la pression des acteurs. Le système d'action concret n'est donc pas figé, il est construit par les acteurs même s'il comporte des éléments plus stables, construits antérieurement et devenus hors de portée des acteurs. En simplifiant, on dira que **le système d'action concret, c'est le jeu à la fois structuré et mouvant des relations de pouvoir qui s'établissent dans les rapports sociaux**.

Un système d'action concret peut coïncider avec les contours juridiques d'une organisation mais c'est rarement le cas. Dans l'exemple de la SEITA, on le repère à un niveau infra-organisationnel, au sein des ateliers, dans le jeu des relations de pouvoir qui s'établissent entre les différentes catégories professionnelles. Il peut également se situer à un niveau supra-organisationnel lorsqu'il s'identifie, par exemple, au système politico-administratif local étudié par Pierre Grémion (voir chap. 3, p. 62)[11].

La perspective de Crozier et Friedberg suggère une mise en garde : une organisation peut être un cadre commode d'étude mais celui-ci n'est pas nécessairement pertinent. Ils préconisent de rechercher, à chaque fois, le ou les système(s) d'action concret(s). Si Erhard Friedberg (1993) a moins recours à cette notion, l'esprit reste le même : la notion de système est une coquille vide que le chercheur doit remplir. « Elle est ce que les acteurs en ont fait ou en font » (1993, p. 225). N'étant pas un donné, le système doit donc, à chaque fois, être démontré empiriquement.

L'analyse stratégique marque un déplacement de l'objet d'étude : des organisations formelles, celui-ci s'oriente vers l'**action organisée**. La première partie de *L'Acteur et le Système* (1977, *op. cit.*) est, d'ailleurs, significativement intitulée « L'organisation comme problème » cependant que *Le Pouvoir et la Règle* (1993, *op. cit.*) s'ouvre sur « Le démontage de la notion d'organisation ». C'est une évolution nette par rapport au *Phénomène bureaucratique* où la question de savoir si la SEITA et les Chèques postaux constituaient des cadres d'étude pertinents ne se posait pas. Michel Crozier avait d'ailleurs recours à la notion de « système d'organisation » (1964, p. 239), traduisant bien que les contours de l'organisation n'étaient pas encore interrogés. Le projet devient donc celui d'une sociologie générale. Erhard Friedberg (1993, *op. cit.*, p. 154) indique ainsi clairement qu'il n'y a pas de différence de nature entre une organisation formelle et des

11. Cf. *Le Pouvoir périphérique*, Paris, Seuil, 1976 ; « Introduction à une étude du système politico-administratif local », *Sociologie du travail*, n° 1, 1970, pp. 51-73.

formes plus diffuses d'action collective, tout au plus une différence de degré : « Le fonctionnement des organisations formelles n'obéit que partiellement à leurs caractéristiques formalisées et les contextes d'action plus diffus sont plus structurés qu'il n'y paraît. » Dès lors, l'analyse stratégique ne se limite pas à élucider le seul fonctionnement des organisations, son ambition est d'éclairer l'action collective au sens large.

Toutefois, la routinisation tant du vocabulaire proprement stratégique (stratégie, intérêt, calcul) que des termes systémo-fonctionnalistes (système, fonction, régulation), qui caractérise nombre d'analyses sur les organisations, semble rencontrer aujourd'hui des limites. Ne faut-il pas s'orienter vers une théorie de l'action qui, comme le note Nicolas Dodier[12], ne soit pas écrasée d'emblée par une présomption stratégique trop lourde ? Par ailleurs, les notions de système, fonction ou encore régulation ne conduisent-elles pas à rendre plus cohérentes qu'elles ne le sont les multiples interactions des acteurs sociaux ? Ne détournent-elles pas, ce faisant, l'attention de la façon dont les acteurs redéfinissent leurs relations et leurs identités dans le cours de leurs activités[13] ?

Ce chapitre, ouvert sur la présentation de « monuments » de la sociologie américaine (Parsons, March et Simon), s'est efforcé de montrer les apports théoriques de l'école française de sociologie des organisations, animée, depuis plus de trente ans, par Michel Crozier et Erhard Friedberg. Mais l'analyse stratégique ne se réduit pas au squelette que nous venons de présenter. À travers les recherches menées par les successeurs de Michel Crozier, elle contribue également à éclairer des thèmes classiques que nous allons aborder dans le chapitre suivant, comme la question de la rigidité organisationnelle, le problème du changement ou celui des relations avec l'environnement.

12. « Les appuis conventionnels de l'action », *Réseaux*, 62, 1993, pp. 63-85.
13. Cf. Agnès Camus, Philippe Corcuff et Claudette Lafaye, « Entre le local et le national : des cas d'innovation dans les services publics », *Revue française des affaires sociales*, 3, 1993, pp. 17-48.

LES ORGANISATIONS EN QUESTIONS

L'analyse des organisations est traversée par quelques grandes questions récurrentes. C'est l'évolution des connaissances sur quatre d'entre elles que l'on se propose de retracer maintenant.

1. Les organisations sont-elles des univers rigides ?

Les grandes organisations sont généralement pensées comme des univers corsetés dans un ensemble de règles et de procédures et, ce faisant, caractérisés par une grande rigidité. Michel Crozier, à la suite de Merton, développe cette thèse. Pourtant, la controverse lancée, dès les années 50, par Peter Blau (1955, *op. cit.*) n'a rien perdu de son actualité.

1.1 Quand l'accent est mis sur la rigidité...

La thèse de Merton est qu'en recherchant la rationalité maximale par l'élaboration de règles abstraites et le recours à une relation d'autorité impersonnelle, le mode d'administration des grandes organisations se rigidifie jusqu'à figer le fonctionnement et paralyser toute activité. Les règles ne sont plus des repères pour l'action mais sont appliqués à la lettre par des employés qui, à leur contact, développent une personnalité tatillonne et rigide à l'image des ronds-de-cuir dont Courteline trace un portrait saisissant[1], ou des fonctionnaires de la Société des Nations dépeints par Albert Cohen[2].

L'administration française et les grands organismes publics sont souvent présentés comme des exemples types de rigidité organisationnelle. De nombreux travaux du Centre de sociologie des organisations ont identifié

1. *Messieurs les ronds-de-cuir*, Œuvres complètes, tome 8, Paris, François Bernouard.
2. *Belle du Seigneur*, Paris, Gallimard, 1968.

les principaux éléments favorisant cette rigidité. Ceux-ci sont rappelés par Renaud Sainsaulieu[3] ou encore par François Dupuy et Jean-Claude Thoenig[4] : une hiérarchie pyramidale forte, des corps très cloisonnés, un ensemble de textes réglementant les concours, la carrière, les indices de rémunération, les échelons d'avancement, les primes, la formation professionnelle, la discipline, enfin une abondance de notes de service et de règlements spécifiques chargés d'encadrer l'activité ordinaire.

Une telle organisation favorise des pesanteurs déjà identifiées par Merton. Comme on l'a vu, Michel Crozier (1964, *op. cit.*) développe, avec la notion de cercle vicieux bureaucratique, une thèse plus subtile sur les rigidités organisationnelles. L'abondance des règles engendre des zones d'incertitude dont se saisissent des membres de l'organisation pour développer des relations de pouvoir parallèles, lesquelles entraînent des frustrations qui conduisent à exiger encore plus de règles impersonnelles pour limiter ces pouvoirs parallèles et l'arbitraire qui les accompagne. La routine et l'abondance de réglementations, les pressions en leur faveur, peuvent s'analyser, selon Michel Crozier, comme une protection contre les difficultés que soulèvent les rapports humains. La rigidité organisationnelle et la centralisation qui la produit sont une façon d'éliminer l'arbitraire et le favoritisme dans les rapports hiérarchiques comme dans les relations entre collègues de travail. En même temps, les règles font toujours l'objet de marchandages et de tractations entre les acteurs occupés à développer des relations de pouvoir parallèles. Mettre l'accent sur ces marchandages comme le font François Dupuy et Jean Claude-Thoenig[5] conduit à considérablement relativiser la thèse de la rigidité organisationnelle.

3. *Sociologie de l'organisation et de l'entreprise*, Paris, Presses de la FNSP et Dalloz, 1987, pp. 97-107.
4. *Sociologie de l'administration française*, Paris, Armand Colin, 1983, pp. 39-52.
5. *L'Administration en miettes*, Paris, Fayard, 1985.

1.2 Quand l'accent est mis sur la souplesse…

« Il n'existe pas de bureaucratie sans souplesse, mieux, dans le modèle français, la souplesse l'emporte sur la bureaucratie » écrivent, avec un soupçon de provocation, François Dupuy et Jean-Claude Thoenig (1983, *op. cit.*, p. 52). Peter Blau (1955, *op. cit.*), dans son ouvrage au titre évocateur — *The Dynamics of Bureaucracy* — avait déjà battu en brèche la thèse de la rigidité des organisations bureaucratiques en montrant que les réglementations paralysent rarement l'activité dans la mesure où elles sont le plus souvent contournées par les agents qui doivent les suivre ou qui ont la responsabilité de leur application. Bien que ne se référant pas aux travaux de Peter Blau, François Dupuy et Jean-Claude Thoenig qui ont longtemps fait partie du Centre de sociologie des organisations s'inscrivent dans la même perspective. Contre tous ceux qui considèrent que l'administration française est faite de rigidités, d'impersonnalité et de pesanteurs, ils vont mettre l'accent sur sa souplesse, souplesse qui réside dans les nombreux arrangements et exceptions de toutes sortes qui y sont négociés.

L'administration préfectorale sert de fil conducteur à la démonstration. François Dupuy et Jean-Claude Thoenig constatent que c'est dans un univers comme la préfecture où toute relation directe avec le public est, en principe, évacuée (guichet, abstraction du dossier) que celle-ci apparaît la plus essentielle et la plus valorisée. Les fonctionnaires qui ont des contacts avec l'extérieur voient leur autonomie renforcée à l'égard de leurs collègues et de leurs supérieurs hiérarchiques. Plus ils ont de contacts, plus ils se montrent ouverts à l'arrangement. François Dupuy et Jean-Claude Thoenig ont recours à l'expression d'« arrangements négociés » pour désigner les négociations et les arrangements portant sur l'assouplissement des réglementations qui s'établissent à tous les niveaux de la hiérarchie. En quelque sorte, les fonctionnaires qui sont en contact avec l'extérieur se muent en « arrangeurs ». Inversement, chaque public, à des degrés divers, se constitue au sein de l'administration une sorte de correspondant, un médiateur, autrement dit quelqu'un susceptible de lui faciliter les démarches.

Mais ces contacts avec l'extérieur et les arrangements auxquels ils donnent lieu ne sont pas aussi simples qu'il y paraît à première vue. Ils sont plutôt, notent les auteurs, sources d'ambivalence chez les fonctionnaires. D'un côté, ils apparaissent comme source d'efficacité (des dossiers sont traités plus rapidement, des problèmes *a priori* insolubles sont résolus, etc.) et attestent ainsi du côté humain de l'administration qui sait s'ouvrir aux cas particuliers. D'un autre côté, ces relations avec l'extérieur et les accommodements auxquelles elles donnent lieu peuvent être vécues comme passe-droit et favoritisme, en particulier par ceux qui n'ont aucune capacité d'arrangement à leur disposition. Les agents qui ont recours à ces pratiques résolvent la contradiction de la façon suivante : les arrangements qu'ils pratiquent leur apparaissent nécessaires et justifiables en tant qu'exception à la règle permettant de débloquer une situation, par contre les arrangements réalisés par les niveaux supérieurs de la hiérarchie sont systématiquement soupçonnés de favoritisme et sont dénoncés comme tels. Ceci a pour résultat, bien évidemment, de renforcer le fossé, relevé par Michel Crozier (1964) entre les différents niveaux hiérarchiques.

Ce que montrent en fin de compte François Dupuy et Jean-Claude Thoenig, c'est que l'administration française est, contrairement aux idées reçues, une organisation qui a un enracinement local, une organisation qui s'établit autour d'une série de contacts avec l'extérieur et dont les fonctionnaires disposent d'une autonomie d'action, en particulier dans le domaine de l'application de la règle. La souplesse qui en résulte favorise-t-elle, pour autant, le changement organisationnel ?

2. Quel changement pour les organisations ?

La question du changement taraude, elle aussi, la sociologie des organisations, peut-être en raison de l'insistance mise sur les pesanteurs et les rigidités bureaucratiques, peut être aussi en raison des problèmes concrets auxquels ne cessent de se heurter tant les dirigeants d'entreprise que les responsables de réformes administratives. On a vu, avec l'analyse de Gouldner (1954), à quel point la réorganisation de l'établissement industriel qu'il étudie pose de difficultés au nouveau directeur qui souhaite en rationaliser le fonctionnement. Le nombre de réformes n'aboutissant pas ou seulement partiellement est légion et ce, quelles que soient les organisations. Comprendre les mécanismes du changement organisationnel, voire de l'innovation, implique de considérer, à l'instar de Michel Crozier et Erhard Friedberg (1977, *op. cit.*, p. 29), **le caractère construit du changement**. Celui-ci n'est pas naturel : c'est un problème à élucider.

2.1 Le changement comme crise et comme adaptation

Dans *Le Phénomène bureaucratique*[6], Michel Crozier note qu'un système d'organisation dont la principale caractéristique est la rigidité ne peut s'adapter facilement au changement et, par conséquent, tendra à résister à toute transformation. Mais la résistance au changement, sur laquelle ne cessent d'insister les gestionnaires, n'est qu'un aspect de la question. L'autre réside dans les crises qui secouent périodiquement les organisations bureaucratiques, que celles-ci soient publiques ou privées. Leur caractère fortement centralisé fait que le changement y est toujours conçu comme un mouvement descendant qui doit s'appliquer de façon uniforme et impersonnelle à l'ensemble de l'organisation. Il en résulte, constate Michel Crozier, une crise souvent profonde affectant tous les niveaux de l'organisation. La période de crise s'accompagne de comportements inhabituels : l'autorité personnelle tend à se substituer aux règles et les membres sont contraints de se soumettre à l'arbitraire de quelques-uns d'entre eux. C'est à travers de telles crises que s'opèrent des réajustements du système d'organisation bureaucratique. Dès lors, celles-ci impliquent moins une transformation qu'une adaptation contribuant à la perpétuation voire au développement du système d'organisation bureaucratique. Celui-ci n'est donc pas constitué que de routines, ainsi qu'on l'imagine volontiers, mais également de courtes périodes de crise qui, à travers les ajustements qu'elles permettent, alimentent les longues phases de stabilité.

François Dupuy et Jean-Claude Thoenig, dans le dernier chapitre de

6. *Op. cit.*, pp. 239-243, pp. 273-277 et pp. 340-347.

L'Administration en miettes (1985, *op. cit.*), développent une analyse proche quant à l'existence de mécanismes d'adaptation au sein de l'administration française. Ainsi les arrangements négociés, les ajustements au coup par coup qui, tout compte fait, attestent d'une grande souplesse de l'administration, ne sont là que pour éviter des changements plus profonds : l'administration « s'adapte pour ne pas changer ». Dans quelles conditions des mécanismes qui avaient pour effet de renforcer le système d'action existant peuvent-ils provoquer son éclatement, voire être sources d'innovation ?

2.2 Le changement comme apprentissage collectif

Crozier et Friedberg (1977, *op. cit.*, pp. 325-347) suggèrent que toute action de changement passe par la découverte et l'acquisition de nouvelles capacités collectives, de nouvelles façons de raisonner, de nouvelles façons d'être ensemble. Le changement est donc apprentissage. C'est notamment l'apprentissage à coopérer autrement, c'est-à-dire à inventer et fixer de nouveaux modèles de jeu. Il ne s'agit plus d'imposer un modèle d'en haut ou de l'extérieur mais de s'engager dans un processus collectif où les individus et les groupes deviennent acteurs du changement.

Mais cette conception du changement se heurte à des obstacles. Le premier d'entre eux réside dans la structuration antérieure des systèmes d'action concrets. Les acteurs ont développé des capacités et des compétences liées à cette structuration. Celle-ci permet de résoudre certains problèmes mais constitue un obstacle à l'apprentissage collectif dans la mesure où elle structure l'expérience des participants, leurs modes de raisonnement, leurs façons d'agir et, par conséquent, conditionne leurs capacités à inventer de nouvelles règles du jeu. Toutes les organisations sont-elles également propices à un processus collectif de changement ?

La réponse apportée par Crozier et Friedberg peut sembler, à première vue, paradoxale. En effet, ce sont les ensembles organisés au sein desquels il y a un grand nombre de cercles vicieux — c'est-à-dire les ensembles les plus diversifiés — qui s'avèrent les plus propices à la figure du changement comme apprentissage collectif. En effet, lorsqu'il y a redondance des cercles vicieux, la rigidité est moindre car chacun exerce une moindre contrainte sur l'ensemble du système. Celui-ci est moins dépendant de chacun des mécanismes de régulation qu'il a institué et n'est pas remis en question par la rupture d'un ou de plusieurs d'entre eux. La multiplicité des cercles vicieux produit, au sein des organisations, des marges d'intervention inédites. Le changement s'y trouve facilité en raison du jeu laissé aux mécanismes d'intégration. C'est dans la rupture des cercles vicieux existants et l'instauration de nouveaux cercles vicieux que réside, pour Crozier et Friedberg, tout à la fois la solution et la difficulté du changement. À l'inverse, les organisations peu diversifiées comme, par exemple, l'armée, sont maintenues par des contraintes strictes : coercition, idéologie simpliste, etc. Ces ensembles rigides ne peuvent se permettre sans risque le moindre changement : celui-ci affecterait l'ensemble et se traduirait par une crise.

Est-ce à dire que le changement, dans la conception de Crozier et Friedberg, peut s'effectuer sans crise ? Les auteurs apportent un bémol à l'idée que le changement pourrait résulter d'une évolution graduelle harmonieuse. Le changement implique toujours des crises, notent-ils, mais celles-ci sont surmontées par apprentissage collectif et débouchent sur la transformation du système d'action, alors que dans les ensembles rigides, elles contribuent à sa reproduction.

La frontière entre ensembles rigides et ensembles diversifiés est-elle toujours aisément identifiable ? On peut en douter, de même que l'on peut rester sceptique quant aux critères permettant de déterminer s'il y a, au bout du compte, reproduction ou transformation du système d'action. Cependant, une telle analyse met l'accent sur le fait que le changement est un processus ouvert qui demeure contingent.

2.3 Le changement comme développement

L'analyse du changement proposée par Renaud Sainsaulieu (1987, *op. cit.*) s'articule autour du concept de développement, lequel a été abondamment utilisé par les économistes s'intéressant à l'avenir des sociétés du tiers monde. Renaud Sainsaulieu transfère aux entreprises la conception selon laquelle le développement et les changements qu'il implique ne peuvent que résulter d'initiatives locales fondées sur l'apprentissage progressif d'autres pratiques de production et de gestion. Cette conception du changement va accorder une place essentielle aux phénomènes culturels : ce sont eux qui vont déterminer les possibilités d'apprentissage. À la suite de Crozier et Friedberg (1977, *op. cit.*), Renaud Sainsaulieu considère que le développement social d'une entreprise résulte moins d'une action de changement décidée *ex nihilo* que de réactions collectives complexes aux sollicitations de son environnement externe ainsi qu'à celles de son fonctionnement interne. Les jeux stratégiques ordinaires et les ajustements culturels auxquels ils donnent lieu peuvent ainsi receler une dynamique d'apprentissage et être porteurs de créativité et d'innovation.

La conception du changement comme développement apparaît, à bien des égards, comme une variante de la conception du changement comme apprentissage. En effet, ce dernier terme est central dans les deux approches. L'intérêt de la démarche adoptée par Renaud Sainsaulieu est sans conteste d'accorder une attention déterminante aux ressources existantes, aux processus en germe et aux mouvements déjà engagés ainsi qu'à leurs chances de diffusion et de généralisation. C'est une perspective voisine qui avait guidé les hypothèses d'un programme de recherche centré sur l'analyse d'innovations dans les services publics ; celui-ci avait été particulièrement attentif au repérage de dispositifs locaux innovants ainsi qu'aux modalités de leur généralisation[7].

Toutefois, cette dernière approche se démarque de l'analyse stratégique en appréhendant le changement non comme crise, adaptation ou même développement, mais comme la manifestation d'une multiplicité de déplacements et d'interdéplacements des acteurs, des schèmes cognitifs et des dispositifs en présence. L'innovation peut ainsi prendre différentes modalités en fonction des ressources qui sont engagées par les acteurs dans les organisations concernées[8]. Par ailleurs, la notion de déplacement, issue des

7. A. Camus, P. Corcuff et C. Lafaye, « Entre le local et le national… », *art. cit.*
8. Laurent Thévenot, « Les différentes natures de l'innovation — Une approche de la dynamique des organisations » dans P.-J. Bernard et J.-P. Daviet (dir.), *Culture d'entreprise et innovation*, Paris, Presses du CNRS, 1992, pp. 309-328.

travaux de Michel Callon et Bruno Latour[9], offre un cadre plus souple pour appréhender une gamme variée d'innovations et de changements en orientant l'attention sur la façon dont certains d'entre eux sont appropriés et, ce faisant, modifiés.

2.4 Changement et modernisation

Les travaux qui viennent d'être présentés ont en commun de considérer le changement comme un problème et d'en proposer une interprétation conceptualisée. Il en va différemment avec la notion de modernisation qui a refait surface, à la fin des années 80, pour qualifier des processus variés de changement, engagés tant dans les entreprises privées que dans les administrations publiques. Cette notion mérite d'être interrogée au même titre que celle d'évaluation des politiques publiques à laquelle elle a été souvent associée[10].

La notion de modernisation est polysémique. Elle recouvre des actions diverses dont la compatibilité ne va pas nécessairement de soi : investissement dans du matériel technique sophistiqué, redéfinition des relations avec les clients ou les usagers, réorganisation du travail, recours aux cercles de qualité et autres techniques managériales importées du Japon, campagnes de communication destinées à modifier l'image interne et externe de l'entreprise, etc. De surcroît, elle renvoie à des débats différents selon qu'elle est appréhendée du côté de l'analyse des politiques publiques et de la sociologie des organisations[11] ou du côté de la sociologie et de l'économie du travail[12]. Outre le fait que dans un cas l'investigation privilégie les services publics alors que dans l'autre elle s'intéresse quasi exclusivement

9. Cf. M. Callon, « Élément pour une sociologie de la traduction », *L'année sociologique* n° 36, 1986 et B. Latour, *La Science en action*, Paris, La Découverte, 1989.
10. Cf. Philippe Corcuff, « Un OVNI dans le paysage français. Éléments de réflexion sur l'évaluation des politiques publiques en France », *Politix*, 24, 1993, pp. 190-209.
11. Cf. Pierre Muller (dir.), *L'administration française est-elle en crise ?* Paris, L'Harmattan, 1992.
12. Cf. Danièle Linhart, *La Modernisation des entreprises*, Paris, La Découverte, coll. « Repères », 1994.

aux entreprises privées, la question posée est radicalement différente : d'un côté, il s'agit de savoir si le modèle français d'administration publique traverse une simple crise d'adaptation ou s'il va se trouver radicalement remis en cause, d'un autre côté, il s'agit de savoir si la modernisation entreprise marque véritablement la fin du taylorisme.

3. Des organisations indépendantes de leur environnement ?

Quelles relations une organisation entretient-elle avec son environnement ? Cette question simple a donné lieu à des réponses variées. Les premiers à s'en préoccuper furent, on l'a vu, Philip Selznick (1949, *op. cit.*) mais aussi, quoique différemment, Alvin Gouldner (1954, *op. cit.*). Depuis, de nombreuses recherches sont venues compléter ces travaux pionniers.

3.1 Soumission à l'environnement ou environnement maîtrisé ?

La sociologie des organisations anglo-saxonne tend à problématiser la question des relations entre les organisations et leur environnement en terme de dépendance : les organisations sont-elles soumises à leur environnement ou, à l'inverse, s'efforcent-elles de le maîtriser ?

Le courant de la contingence structurelle, qui se constitue durant les années 60 autour d'auteurs comme T. Burns et G.M. Stalker[13] ou P.R. Lawrence et J.W. Lorsch[14], met l'accent sur le fait que le niveau de performance des entreprises est fonction de l'adaptation de leur structure organisationnelle aux caractéristiques et aux exigences de l'environnement auquel elles sont confrontées. Burns et Stalker montrent que, face à un environnement stable, les entreprises ont tendance à développer un modèle d'organisation mécanique caractérisé par un organigramme élaboré, une forte

13. *The Management of Innovation*, Londres, Tavistock, 1961.
14. *Organizations and Environment*, Boston, Harvard University Press, 1967.

centralisation du pouvoir de décision et des communications internes articulées sur la ligne hiérarchique. En revanche, face à un environnement mouvant, s'impose un modèle d'organisation organique où la structure hiérarchique est faible, les rôles peu définis, le pouvoir de décision partagé et la communication foisonnante. Lawrence et Lorsch développent une analyse similaire quoique plus complexe. Ces auteurs partent de l'hypothèse que les caractéristiques de l'environnement influent sur la façon dont les organisations règlent la tension entre des exigences de différenciation (spécialisations multiples, diversification) et des impératifs d'intégration et de cohésion interne. Dans cette perspective, l'efficacité des structures organisationnelles (le choix entre une plus ou moins grande différenciation ou intégration) réside, comme précédemment, dans leur adéquation au contexte environnemental. La structure organisationnelle est véritablement contingente, c'est-à-dire dépendante de l'environnement.

Le courant écologique, qui émerge aux États-Unis dans la deuxième moitié des années 70[15], développe une thèse encore plus radicale. Ce courant part de l'idée qu'il est possible d'identifier des espèces organisationnelles — appelées populations — de la même façon que les biologistes ont identifié des espèces animales et végétales, et transfère les postulats de l'analyse éco-biologique à l'analyse des organisations. L'ambition est d'expliquer la diversité des espèces organisationnelles existantes ainsi que la disparition et l'apparition de nouvelles espèces. Un rôle central est accordé à la compétition et à la sélection : seules survivent et se développent les espèces ou populations dont les caractéristiques sont optimalement adaptées aux exigences de l'environnement cependant que les autres sont éliminées.

Les critiques adressées à ces deux courants (Friedberg, 1993, *op. cit.*, pp. 81-86) mettent l'accent sur le caractère mécaniste des analyses proposées : d'une part, l'environnement est toujours considéré comme un ensemble de facteurs impersonnels dont les exigences s'imposent aux organisations,

15. Ses principaux représentants sont M.T. Hannan et J.H. Freeman, « The Population Ecology of Organizations », *American Journal of Sociology*, LXXXII, 1977, pp. 929-964 et H. Aldrich, *Organizations and Environments*, Englewood Cliffs, N.J., Printice Hall, 1979.

d'autre part, la sanction du marché apparaît surdéterminante. Par ailleurs, ces analyses tendent à exclure les acteurs de leurs réflexions.

Un troisième courant anglo-saxon, celui de la dépendance des ressources[16], prend le contrepied des approches précédentes en mettant l'accent sur les capacités d'action des organisations, qui vont s'efforcer de réduire leur dépendance à l'égard de leur environnement et des ressources que celui-ci leur procure. Ces organisations sont conçues comme actives dans la mesure où elles cherchent à contrôler et à maîtriser les incertitudes en provenance de l'environnement à travers notamment la construction de réseaux d'alliances en dehors de l'organisation : liens informels, échanges de mandats d'administrateurs, etc. Les limites de cette perspective résident essentiellement dans sa focalisation sur les stratégies des dirigeants au détriment des actions de l'ensemble des acteurs de l'organisation.

Au-delà de leurs différences, ces trois courants ont en commun de considérer que les frontières des organisations sont aussi clairement délimitées dans l'action que dans leur statut juridique. La perspective ouverte par Jean-Pierre Worms et Pierre Grémion, tous deux membres du Centre de sociologie des organisations, va interroger cette évidence.

3.2 Des frontières floues…

Jean-Pierre Worms[17] et Pierre Grémion[18] se sont penchés, au cours des années 60, sur les relations qui s'établissent entre les services territoriaux de l'administration d'État et leur environnement local. Leurs travaux, incontournables en sociologie des organisations comme en science politique[19], ont une validité qui dépasse largement l'administration publique sur

16. Ce courant est incarné par des chercheurs comme J. Pfeffer et G.R. Salancik, *The External Control of Organizations*, New York, Harper and Row, 1978 et A. Grandori, *Perspectives on Organizations Theory*, Cambridge, Mass., Ballinger, 1987.
17. « Le préfet et ses notables », *Sociologie du travail*, n° 3, 1966, pp. 249-275.
18. « Introduction à une étude du système politico-administratif local », *Sociologie du travail*, n° 1, 1970, pp. 51-73 ; *Le Pouvoir périphérique*, Paris, Seuil, 1976.
19. Cf. Philippe Corcuff et Claudette Lafaye « Du fonctionnalisme au constructivisme. Une relecture critique du pouvoir périphérique », *Politix*, n° 7-8, 1989, pp. 35-45.

laquelle ont porté leurs investigations. En effet, leurs réflexions débouchent sur la mise en évidence du flou des frontières organisationnelles.

Jean-Pierre Worms, dont les investigations portent sur une préfecture, brosse le portrait de deux univers — celui du préfet et celui des notables — que tout oppose à première vue : le préfet incarne l'État, mais il est nommé et ne reste en poste que quelques années ; quant à eux, les notables ont un ancrage local et tiennent leur légitimité du suffrage populaire. Or, ces univers distincts convergent vers une solidarité et une complicité profonde faite d'une reconnaissance mutuelle et d'un intérêt partagé pour le même département. C'est, au bout du compte, un véritable système d'interdépendance — que Jean-Pierre Worms nomme « système préfectoral » — qui s'établit entre l'administration étatique et son environnement local.

Pierre Grémion systématise et prolonge les réflexions de Jean-Pierre Worms. Il attire l'attention sur la nécessité d'inclure, dans l'étude de toute organisation, l'analyse de ses « ressortissants » — éléments, individus et groupes qui sont du ressort de l'organisation — sur lesquels elle exerce une action et qui, en retour, l'influencent voire la modifient. Toute organisation relève d'un système de pouvoir plus vaste dont l'inventaire est nécessaire à la compréhension de son action. Ainsi, constate Pierre Grémion, les échelons territoriaux de l'administration d'État (préfectures, directions départementales de l'équipement, etc.) ont à arbitrer en permanence entre deux exigences contradictoires : celle résultant de leur position dans un ensemble hiérarchique où ils sont considérés comme les exécutants du niveau central et celle résultant des pressions en provenance de la société locale qu'ils administrent. Cette activité d'arbitrage définit à la fois leur pouvoir et leur rôle social dans la mesure où ils contrôlent deux sources d'incertitude cruciales : vis-à-vis de l'échelon central, ils contrôlent les « réactions locales » et vis-à-vis de la société locale, ils contrôlent les intentions de l'échelon central. Les pressions en provenance de l'environnement, dans le cas des services territoriaux de l'appareil d'État, s'exercent par l'intermédiaire des notables locaux (députés, conseillers généraux, maires, etc.) qui constituent en même temps des relais privilégiés de l'action des services étatiques auprès de la population. Ces relais sont marqués par une profonde ambivalence puisqu'ils sont à la fois des agents de pression locaux sur l'État tout en étant les garants de son action vis-à-vis de la société civile.

Comment cela se passe-t-il concrètement ? L'administration est chargée d'appliquer un ensemble de mesures définies par la loi et les décrets d'application. L'accès aux services territoriaux de l'État est généralement nécessaire pour obtenir des assouplissements des procédures en vue de traiter un problème spécifique ou de faire avancer un dossier. Les services de l'État se prêtent au jeu dès lors que leurs interlocuteurs leur offrent une garantie de représentativité. Le pouvoir des deux partenaires se renforce dans cette relation de négociation : le fonctionnaire sort d'un rôle de stricte exécution et le notable montre sa capacité à négocier une procédure au profit de ses mandants. Il y a donc une solidarité qui unit les fonctionnaires et les notables locaux. Celle-ci traduit l'existence d'un véritable système social — le « système politico-administratif local » — possédant une certaine autonomie et assurant localement des régulations fondamentales entre l'État et la société civile.

Toute organisation est ainsi conduite, pour mener à bien ses activités, à se constituer des relais privilégiés au sein de son environnement afin de réduire l'incertitude le concernant. Il s'agit de relations plus ou moins stables. En effet, des membres de l'organisation peuvent toujours tenter de s'appuyer sur les relais de l'environnement avec lesquels ils ont un contact privilégié pour renforcer leur position dans les rapports de pouvoir internes à l'organisation. Parallèlement, les relais vont chercher à utiliser leur accès à l'organisation pour se valoriser et affermir leur rôle auprès du public ou de la clientèle qu'ils représentent. Enfin, le couple organisation-relais, s'il est très intégré, peut constituer une organisation dans l'organisation. Tel était notamment le cas des relations établies entre la TVA (Tennessee Valley Authority, cf. chap. 1, p. 23) et les groupes de pression extérieurs (Selznick, 1949, *op. cit.*). Dès lors, l'identification de ce qui est interne ou externe à l'organisation devient éminemment problématique.

L'analyse proposée par Pierre Grémion rompt avec les visions simplistes des relations entre les organisations et leur environnement. Dans la perspective qu'il développe, les contraintes de l'environnement ne s'imposent pas unilatéralement à l'organisation, pas plus que celle-ci ne parvient à contrôler totalement son environnement. Son analyse contribue à enrichir, en l'affinant et en la complexifiant, la voie ouverte par Selznick. Il n'y a donc plus lieu d'opposer l'organisation et son environnement puisqu'il y a interpénétration. On peut conclure, à la suite de Erhard Friedberg (1993, *op. cit.*), que les frontières sont floues et relativiser la notion d'organisation comme objet d'étude privilégié. La dichotomie entre des organisations formelles, pour reprendre les termes de Talcott Parsons, et des contextes d'actions plus diffus n'a plus de sens.

À bien des titres, le travail réalisé par Pierre Grémion a un caractère pionnier. L'analyse des systèmes d'action concrets, élaborée par Michel Crozier et Erhard Friedberg (1977, *op. cit.*), doit beaucoup à la mise en évidence du système politico-administratif local. On notera également que la thèse de François Dupuy et Jean-Claude Thoenig (1985, *op. cit.*) sur la souplesse de l'administration française s'inspire fortement des réflexions de Pierre Grémion qu'elle réorganise différemment. Les exemples cités par Renaud Sainsaulieu (1987, *op. cit.*, pp. 124-133) montrent également que l'analyse de Pierre Grémion est transposable aux entreprises privées et la notion de « systèmes d'interdépendances » n'est qu'une autre façon de désigner le flou des frontières organisationnelles.

4. COMMENT SONT PRISES LES DÉCISIONS ?

Les travaux de James March et Herbert Simon (1969, *op. cit.*) ont mis l'accent sur le fait que les membres des organisations ont pour tâche de prendre des décisions et de résoudre des problèmes. Mais, alors que les approches classiques développaient des modèles de décision théoriques reposant sur une rationalité optimale, March et Simon ont montré que la rationalité des acteurs sociaux est limitée : ceux-ci, lorsqu'ils opèrent des choix, ne recherchent pas la solution optimale mais s'arrêtent à la première solution satisfaisante (cf. chap.2 p. 38). Les recherches empiriques ou plus théoriques sur la prise de décision qui se développent par la suite viennent conforter cette thèse. Ainsi, la célèbre analyse de Graham T. Allison[20] sur le processus de prise de décision américain, lors de la crise des missiles de Cuba, en octobre 1962, souligne les insuffisances du modèle rationnel en montrant que la prise de décision est fortement contrainte par les routines organisationnelles ainsi que par le jeu des acteurs en présence qui poursuivent tous des objectifs aux finalités propres. En France, l'analyse de Lucien Sfez[21] prend également pour cible la linéarité du modèle rationnel. Ces analyses sont complétées par toute une série de travaux qui viennent préciser la rationalité limitée conceptualisée par Herbert Simon.

4.1 Les multiples formes de la rationalité limitée

James March présente et discute, dans un article de synthèse[22], les autres rationalités qui ont été identifiées. On relèvera la *rationalité contextuelle*, pour laquelle le comportement de choix est noyé au milieu de nombreux autres sujets de préoccupation des acteurs ; la *rationalité des jeux*, qui fait résulter la décision collective d'objectifs et de calculs individuels poursuivis par des individus en interrelation ; la *rationalité de processus*, pour laquelle les choix opérés trouvent leur sens dans le processus même de prise de décision plutôt que dans ses résultats ; la *rationalité adaptative*, qui se centre sur l'apprentissage expérimental, selon le principe des essais-erreurs, des individus et des groupes ; ou encore la *rationalité à posteriori*, qui fait résulter les intentions et les objectifs de l'action de prise de décision au lieu de les considérer comme un préalable.

4.2 Des choix ambigus

V. Baier, James March et Johan Saetren[23] insistent sur le caractère flou, peu cohérent et instable des stratégies menées par les décideurs. Les auteurs

20. « Essence of Decision : Explaining the Cuban Missile Crisis », Boston, Little Brown, 1971.
21. *Critique de la décision*, Paris, Presses de la FNSP, 1992 (1re édition : 1973).
22. « Rationalité limitée, ambiguïté et ingénierie des choix », dans James G. March (ed.), *Décisions et organisations*, Paris, Les Éditions d'organisation, 1991, pp. 133-161.
23. « Décisions et mise en œuvre : une série d'ambiguïtés », dans J. March (ed.), 1991, *op. cit.*

montrent que cette ambiguïté s'avère nécessaire lorsque les choix résultent de négociations impliquant plusieurs partenaires. Plus une stratégie est floue et ambiguë, plus elle a de chances de rassembler un grand nombre de personnes ou de groupes qui pourront ainsi soutenir un même projet pour des raisons très différentes. À l'inverse, la réduction de l'incertitude et de l'imprécision, en faisant apparaître les désaccords, risque de conduire à l'abandon du projet discuté ou de la stratégie menée. Si l'on suit ces auteurs, la maîtrise du processus de décision apparaît problématique.

4.3 Les anarchies organisées et le modèle du « *garbage can* »

Plus radicale encore est l'analyse proposée par le modèle du « *garbage can* »[24]. Celui-ci rend compte des processus de prise de décision au sein d'organisations ou de contextes décisionnels qualifiés d'« anarchies organisées » et caractérisés par une forte ambiguïté des préférences des décideurs, par l'importance des tâtonnements ainsi que par un degré d'engagement fluctuant des participants. Si les auteurs tendent à considérer que de tels contextes décisionnels sont flagrants dans les organismes publics, notamment au sein des universités, ils admettent qu'ils recouvrent une bonne part des activités de la plupart des entreprises. Que s'y passe-t-il ? Une série de choix et de solutions sont en quête de questions et de problèmes auxquels ils pourraient répondre, des questions cherchent des situations où s'exprimer et des décideurs sont à la recherche d'objectifs. La métaphore de la corbeille à papier, ou de la mise au panier, illustre le caractère quelque peu fortuit — tributaire de circonstances imprévues — du processus de décision, assimilé à un empilement de choix, de problèmes, de solutions et de participants. Si certains éléments de la structure organisationnelle continuent à jouer un rôle, celui-ci demeure tout compte fait mineur. Ce type d'analyse se prête aux simulations informatiques.

24. Michaël D. Cohen, James G. March et Johan P. Olsen, « Le modèle du "*Garbage Can*" dans les anarchies organisées », dans James G. March (ed.), 1991, *op. cit.*

Ainsi que le remarque justement Erhard Friedberg (1993, *op. cit.* p.73), des analyses aussi radicales aboutissent à une nouvelle orthodoxie — le caractère aléatoire de la prise de décision — aussi peu heuristique que le modèle classique de la rationalité optimale. De telles perspectives sous-estiment le degré de structuration du processus de décision. Et si toutes les organisations comportent en leur sein des éléments les apparentant à des anarchies organisées, les prises de décision ne sont pas aussi floues et aléatoires que le laisse supposer le modèle du « *garbage can* ». Si les processus de décision prennent forme à travers des traductions et des déplacements successifs des objectifs, si certains d'entre eux ne se découvrent que dans et par l'action, voire *a posteriori*, la prise de décision n'est pas pour autant aléatoire et les choix opérés ne sont pas nécessairement incohérents. Les processus de décision apparaissent structurés par des repères stratégiques, par le décryptage des intentions des autres participants, par des négociations contribuant à clarifier des choix, à lever des ambiguïtés — et pas seulement à en produire comme le suggèrent Baier, March et Saetren (1991, art. cit.) — ainsi que par diverses formes d'objectivation qui stabilisent et orientent l'action[25].

Ce chapitre illustre la période de maturité de la sociologie des organisations. Elle s'est développée de façon continue en tirant le plus souvent parti des travaux antérieurs. Bien évidemment, cette cumulativité des recherches n'est pas aussi linéaire que notre présentation le donne à voir. Il existe des discontinuités et des fragmentations que Catherine Ballé[26], Jean François Chanlat (1989, art. cit.) et Erhard Friedberg (1993, *op. cit.* p. 99) ne manquent pas de signaler. Celles-ci peuvent être pourtant l'occasion d'un renouvellement de la discipline. C'est ainsi qu'en France, depuis le début des années 80, émerge tout un ensemble de travaux résolument centrés sur l'entreprise.

25. Cf. Claudette Lafaye, « Aménager un site littoral. Entre politique et pragmatisme », *Études rurales*, n° 133-134, 1994, pp. 163-180 et Philippe Urfalino, « Décisions, actions et jeu. Le cas des grands travaux parisiens », *Villes en parallèle*, n° 20-21, décembre 1994, pp. 262-285.
26. Cf. *Sociologie des organisations*, Paris, PUF, coll. « Que-sais-je ? », 1990, pp. 89-119.

4

VERS UNE SOCIOLOGIE DE L'ENTREPRISE ?

Les réflexions les plus novatrices de la sociologie des organisations croziérienne ont surtout concerné les administrations publiques. Les entreprises industrielles ne font pas véritablement l'objet de développements spécifiques. De plus, jusqu'à la fin des années 70, l'entreprise n'avait pas bonne presse en France. Certes, elle était un lieu d'investigations massives[1] mais demeurait, ainsi que le souligne Anni Borzeix[2], un cadre, un décor au sein duquel s'observaient les mutations technologiques, les stratégies patronales et syndicales, les changements de l'organisation du travail, les relations de pouvoir, etc. Elle ne constituait pas un objet d'étude à part entière.

La tendance s'est inversée au cours des années 80 qui se présentent, en France, comme celles de la réhabilitation sociale et politique de l'entreprise. La sociologie ne pouvait rester insensible à ce phénomène et devait s'efforcer d'en rendre compte. Aussi voit-on apparaître de plus en plus de recherches centrées sur l'entreprise cependant qu'émerge, autour de chercheurs comme Renaud Sainsaulieu et Denis Segrestin[3], une tentative visant à constituer une sociologie de l'entreprise, à la croisée de la sociologie des organisations et de la sociologie du travail. Son ambition est de repenser la relation qui unit l'entreprise et la société. Si les recherches demeurent éparses et pas toujours coordonnées, elles ont généralement en commun d'accorder une attention soutenue aux phénomènes identitaires et culturels

1. Renaud Sainsaulieu signale que la vingtaine de chercheurs, rassemblés à son initiative, au milieu des années 80, pour réfléchir à la place de l'entreprise dans la société contemporaine, totalisaient, au cours de leur dix, quinze ou vingt ans de carrière respective, plus de vingt mille entretiens individuels réalisés dans un millier d'établissements différents correspondant à plus de cinq cents entreprises françaises. Cf. Renaud Sainsaulieu, *L'Entreprise, une affaire de société*, Paris, Presses de la Fondation nationale de science politique, 1992, p. 19 (1re édition : 1990).
2. « Avant-propos », *Sociologie du travail*, n° 3, 1986, pp. 231-235.
3. « Vers une théorie sociologique de l'entreprise », *Sociologie du travail*, n° 3, 1986, pp. 335-352.

dont l'entreprise est le lieu. Avant de présenter quelques-uns des travaux s'inscrivant dans cette nouvelle approche, on évoquera le vide théorique qui a longtemps caractérisé la réflexion sur l'entreprise.

1. UN VIDE THÉORIQUE

Comment expliquer le peu d'attention que les sociologues consacrent, jusqu'aux années 80, à cette forme sociale qu'est l'entreprise ? Anni Borzeix (1986, art. cit.) évoque à ce propos les clivages internes propres à la discipline sociologique où sociologie du travail et sociologie des organisations, qui sont toutes deux amenées à travailler sur l'entreprise, se développent de façon autonome autour de références et de problématiques distinctes. De plus, cette césure des champs scientifiques se double d'une opposition idéologique. Ainsi, la sociologie du travail, imprégnée d'analyse marxiste, demeure attachée à l'étude du mouvement ouvrier et des conflits du travail et accède à l'entreprise, le plus souvent, par l'intermédiaire des syndicats et des représentants du personnel. La sociologie des organisations, quant à elle, marquée par les travaux anglo-saxons, se concentre sur les relations de pouvoir et les instances dirigeantes et pénètre l'entreprise à travers ces dernières[4]. Pourtant, en dépit de la richesse de leurs productions propres, ces deux domaines n'ont jamais mis l'entreprise au cœur de leur réflexion.

1.1 La sociologie du travail et l'entreprise

Marc Maurice[5] suggère que l'entreprise s'est, en quelque sorte, trouvée dissoute entre, d'un côté, une sociologie du travail orientée vers l'analyse des situations de travail des ouvriers au sein de l'atelier et, d'un autre côté,

4. Outre les réflexions d'Anni Borzeix, 1986, art. cit., voir, à ce propos, les remarques de Christian Mahieu, « Organisation et gestion de la production dans une unité d'emboutissage : de la sociologie du travail à celle de l'entreprise », *Sociologie du travail*, n° 3, 1986.
5. « Les sociologues et l'entreprise », dans R. Sainsaulieu (dir.), *L'Entreprise, une affaire de société*, Paris, Presses de la FNSP, 1992, pp. 303-331.

une sociologie de la société industrielle et du système de production qui la sous-tend. Autrement dit, le vide théorique qui caractérise la réflexion sur l'entreprise résulterait en partie de cette polarisation entre une microsociologie de l'évolution du travail, à dominante empirique, et une approche macrosociologique de la société capitaliste industrielle, essentiellement théorique. Ces deux courants se sont développés sans médiation mais sans pour autant être incompatibles puisque les micro-analyses des situations de travail pouvaient être interprétées, dans une perspective marxiste, comme l'actualisation des forces et des contradictions traversant le système de production capitaliste.

Cependant, aucune de ces deux approches ne laisse de place possible à l'analyse de ce niveau intermédiaire que constitue l'entreprise. Marc Maurice remarque précisément qu'une telle sociologie de l'entreprise aurait pu permettre de dépasser les lacunes et les limites de ces deux perspectives et, par là même, de jeter des ponts entre l'approche macrosociologique théorique et l'analyse empirique des situations de travail qui, le plus souvent, s'avérait sous-théorisée.

1.2 La sociologie des organisations et l'entreprise

La sociologie des organisations, apparue en France avec Michel Crozier à la fin des années 50, n'a pas vraiment comblé cette lacune. Si la compréhension des relations sociales dans l'entreprise comme dans l'administration s'en trouve enrichie, l'entité « entreprise » tend, là encore, à se dissoudre dans l'analyse des jeux de pouvoir qui constituent l'objet privilégié de la sociologie des organisations. L'entreprise ne parvient pas, note Marc Maurice (1992, art. cit.), à trouver une identité dans l'espace conceptuel de la sociologie des organisations. En particulier, si elle peut être le lieu d'émergence des « systèmes d'action concrets », elle n'apparaît jamais comme étant l'acteur englobant ou structurant de tels jeux. Le déplacement de l'analyse de l'organisation formelle à celle de l'action organisée, auquel concourt l'analyse stratégique, participe de cette mise en retrait théorique de l'entreprise.

Ces deux grands champs thématiques de la sociologie ont en commun de s'intéresser à ce qu'il se passe dans l'entreprise sans pour autant faire de celle-ci le point de passage obligé de leur réflexion. Cependant, à la jonction de la sociologie du travail et de la sociologie des organisations, tout un ensemble de travaux se sont orientés sur les phénomènes identitaires et culturels dont les organisations et notamment les entreprises sont le lieu.

2. Les phénomènes identitaires et culturels

Trois voies distinctes ne se recoupant que partiellement caractérisent cette approche centrée sur les phénomènes identitaires et culturels dont l'entreprise est le cadre. La première, qui est essentiellement le fait de sociologues ou d'historiens du travail et des professions, s'intéresse aux microcultures d'ateliers, aux sous-cultures professionnelles et plus largement aux formes de sociabilité collective se déroulant dans l'entreprise. La deuxième voie, ouverte par Renaud Sainsaulieu[6], est plus ambitieuse : elle fait apparaître le travail mais aussi l'entreprise comme des lieux centraux de production identitaire et culturelle. Enfin, la troisième voie, incarnée par Philippe d'Iribarne[7], développe l'hypothèse d'un modèle français d'entreprise enraciné dans des traditions culturelles nationales pré-industrielles et sous-tendu par une logique de l'honneur.

2.1 Microcultures et sociabilités collectives

De nombreux sociologues et historiens du travail ont mis en évidence l'existence de sociabilités collectives, de communautés professionnelles, de micro et sous-cultures, éléments qui constituent le substrat de la vie au travail et des relations professionnelles dans les ateliers comme dans les

6. *L'Identité au travail*, Paris, Presses de la FNSP, 1985 (1re édition : 1977).
7. *La Logique de l'honneur. Gestion des entreprises et traditions nationales*, Paris, Seuil, 1989 et « Misère et grandeur d'un modèle français d'entreprise », dans R. Sainsaulieu (dir.), *L'Entreprise, une affaire de société*, Paris, Presses de la Fondation nationale de science politique, 1992, pp. 254-266.

bureaux et avec lesquels l'entreprise doit compter pour organiser son processus de production.

Les études sur les communautés professionnelles ne manquent pas. On citera ici pour mémoire l'analyse historique de Georges Ribeill[8] sur les cheminots. Celui-ci montre comment s'est constitué progressivement un corps professionnel fait de solidarités entre agents de l'exploitation et de l'entretien des voies, confrontés aux problèmes de la sécurité et de la régularité des trains. Cette identité collective a été renforcée par le mode de recrutement, encouragé au sein du milieu familial des agents, par des filières de promotion spécifiques, par le travail en équipe, par des politiques de logement, etc. Cette communauté professionnelle à forte identité affrontera les multiples modernisations engagées par la SNCF : électrification des lignes, lancement du TGV, gestion informatisée, etc. et jouera un rôle déterminant dans l'activité syndicale, notamment au moment des grèves, même si celles-ci se présentent toujours comme des moments où l'unification du groupe et son identité sont précisément à reconstruire[9]. Pierre Bouvier[10], qui a mené des recherches sur les communautés de travail dans les métros parisien et new-yorkais, développe, à partir d'une démarche socio-anthropologique, une perspective proche. Il s'attache à décrire les rituels professionnels, les sociabilités collectives et les normes intégratrices qui marquent les représentations et structurent les collectifs de travail de ces deux entreprises. Il montre notamment qu'à la RATP, ces pratiques et ces représentations socioprofessionnelles, qui ont fait l'essentiel de l'histoire du métro parisien, perdurent au-delà de la révolution technologique des années 70 qui voit l'informatisation des différentes opérations du système de transport.

D'autres travaux ont davantage porté leur attention sur les microgroupes qui se constituent au sein des ateliers et des univers de travail. Menant une expérience de recherche-action dans une petite entreprise de métallurgie, composée d'ouvrières spécialisées, d'ouvriers qualifiés et de manœuvres,

8. *Les Cheminots*, Paris, La Découverte, 1984.
9. Cf. Philippe Corcuff, « Le catégoriel, le professionnel et la classe », *Genèses*, n° 3, 1991, pp. 55-72.
10. *Le Travail au quotidien*, Paris, PUF, 1989.

Michel Liu[11] fait le constat de l'existence d'une pluralité de microcultures d'ateliers qui se font jour à l'intérieur du cadre des contraintes fixées par la technologie et l'organisation du travail. Ces microcultures contribuent à la définition des fonctions ainsi qu'aux rythmes et aux quantités acceptables de travail, régulent les rapports hiérarchiques et les relations entre collègues, délimitent des territoires collectifs et des espaces individuels au sein de l'atelier. Elles ont un rôle à la fois instrumental — elles permettent la réalisation de la tâche à accomplir — et structurant dans la mesure où elles visent à maintenir la pérennité du fonctionnement du groupe par delà les variations des membres qui les composent. Emmanuelle Reynaud[12], dont les investigations portent sur des ouvriers d'ateliers de fabrication et des employés de grands magasins, étudie également le rôle de ces microcultures dans la constitution d'identités collectives ainsi que dans la force de mobilisation et l'ardeur combative.

De telles orientations, pour intéressantes qu'elles soient, restent confinées dans une analyse étroite des rapports sociaux de travail. Si elles rendent compte de phénomènes culturels dont l'entreprise est le lieu, elles ne mettent pas encore cette dernière au centre de leur réflexion.

2.2 L'entreprise : un lieu de production identitaire et culturelle

Dans *L'Identité au travail*, Renaud Sainsaulieu (1985, *op. cit.*) met en évidence l'importance des processus culturels au sein des régulations sociales internes à l'entreprise. Cet ouvrage s'appuie sur des recherches empiriques menées dans plusieurs entreprises et a pour ambition de discuter et compléter les acquis de la sociologie du travail, de la sociologie des organisations et de la psychologie sociale. Les rapports de travail ne sont pas isolés du cadre dans lequel ils s'expriment et qui leur donne sens, à savoir l'entreprise.

11. « Technologie, organisation du travail et comportements des salariés », *Revue française de sociologie*, XXII, 1981, pp. 205-221.
12. « Identités collectives et changement social : les cultures collectives comme dynamique d'action », *Sociologie du travail*, n° 2, 1982.

Le dernier chapitre intitulé l'« Action culturelle du travail organisé » défend la thèse que l'expérience quotidienne des relations sociales est telle dans les organisations contemporaines qu'elle ne se limite pas aux seules normes de comportement présentes sur les lieux de travail. Elle alimente, selon Renaud Sainsaulieu, des représentations collectives et des valeurs communes qui la dépassent tout comme elle façonne les personnalités individuelles dans leurs choix et jugements. C'est dans les décalages entre l'expérience acquise antérieurement et l'expérience immédiate de rapports conflictuels au sein de l'entreprise que se réactivent et se renouvellent, selon l'auteur, les systèmes de valeurs culturelles des acteurs sociaux.

Dès lors, la famille et l'école n'ont plus le monopole de la socialisation et de la transmission des valeurs culturelles. Renaud Sainsaulieu montre avec force que les rapports de travail et le lieu où ils s'exercent — l'entreprise — structurent l'identité individuelle et collective. Le travail en entreprise deviendrait, dans les sociétés industrielles contemporaines, un nouveau lieu de production et d'apprentissage culturel comme en d'autres temps le furent l'univers des corporations, la famille bourgeoise ou l'Église catholique. Mais l'entreprise et les rapports de travail ne sont-ils pas également façonnés par l'histoire et les traditions pré-industrielles de la société dans laquelle ils prennent place ?

2.3 Un modèle français d'entreprise ?

L'hypothèse travaillée par Philippe d'Iribarne (1989, *op. cit.*) met l'accent sur les caractères nationaux des modes de gestion des entreprises. À vrai dire, cette idée n'est pas complètement nouvelle. Marc Maurice, François Sellier et Jean-Jacques Silvestre[13] montraient déjà, à partir d'une étude comparative entre la France et l'Allemagne, que les structures internes des entreprises dépendent de leurs environnements éducatifs, syndicaux et politiques. Michel Crozier (1964, *op. cit.*) avait également défendu la thèse selon laquelle le phénomène bureaucratique était un « phénomène culturel

13. *Politique d'éducation et organisation industrielle en France et en Allemagne*, Paris, PUF, 1982.

français » touchant non seulement l'administration jacobine, mais aussi les entreprises industrielles.

Philippe d'Iribarne se démarque de ses prédécesseurs, et notamment de la thèse croziérienne, en considérant que celle-ci ne va pas chercher assez loin dans l'histoire et les traditions culturelles ce qui fait la spécificité des entreprises françaises. Si les entreprises françaises sont marquées, à l'image de l'administration, par une forte stratification des groupes professionnels, Philippe d'Iribarne n'a pas retrouvé, au cours de ses observations, les règlementations impersonnelles, la peur des relations de face-à-face ou la centralisation évoquées par Crozier. Selon lui, ce qui caractérise les entreprises françaises et les distingue de leurs homologues néerlandaises ou américaines, c'est la vigueur des particularismes et des traditions de métier fondés sur des distinctions fines entre activités plus ou moins nobles, telles qu'elles existaient dans l'Ancien Régime. Il leur correspond une logique de l'honneur qui continue à régir, dans les entreprises contemporaines, tant les relations hiérarchiques que les rapports entre groupes professionnels.

Soumises à des exigences accrues en matière de coopération interne, en raison notamment des pressions exercées par les nécessités économiques, les entreprises sont contraintes de concevoir des manières de réinterpréter les traditions d'affrontement et de coopération de la société au sein de laquelle elles sont implantées. Ce faisant, Philippe d'Iribarne rend compte des voies qu'emprunte la modernité industrielle pour se combiner avec — ou, à l'image du Japon, s'appuyer sur — le respect des traditions.

Toutefois, le débat contemporain sur la dimension culturelle des entreprises s'oriente également vers l'analyse des structures culturelles propres à chaque entreprise. C'est cette perspective, focalisée sur la notion de culture d'entreprise, qu'il convient d'examiner de façon plus approfondie.

3. La notion de culture d'entreprise

L'importance des phénomènes identitaires et culturels au sein des entreprises n'a pas échappé aux sociologues du travail comme à ceux des organisations. Peut-on pour autant parler de culture d'entreprise à l'instar des approches managériales de l'entreprise ? Car cette notion présente la particularité d'être utilisée, au tournant des années 80, aussi bien par les sociologues, les ethnologues et les historiens s'intéressant à l'entreprise que par les spécialistes des sciences de gestion[14].

Cet intérêt pour la notion de culture d'entreprise n'est pas propre à la France. La recherche américaine se caractérise également, à la même époque, par un engouement pour les phénomènes culturels internes aux entreprises et l'on voit apparaître les notions de « *corporate culture* » et d'« *organizational culture* », fortement orientées vers des préoccupations managériales (Chanlat, 1989, art. cit.). En France, la notion de culture organisationnelle précède d'ailleurs de peu celle de culture d'entreprise.

Dans son sens anthropologique, le concept de culture désigne l'ensemble des normes et des valeurs, des représentations partagées, des façons de sentir, penser et agir qui fondent une société, une ethnie ou un groupe spécifique. Qu'en est-il de sa validité s'agissant de l'entreprise ?

3.1 Des hypothèses discutables

Si l'on suit Renaud Sainsaulieu (1987, *op. cit.*, pp. 206-209), la notion de culture d'entreprise, telle qu'elle est utilisée par les sciences de gestion et, dans une certaine mesure, par les sciences sociales, s'accompagne d'un certain nombre de problèmes théoriques qui tiennent aux hypothèses sur lesquelles elle repose. Renaud Sainsaulieu repère cinq hypothèses principales et évoque, pour chacune d'elles, les questions qui demeurent en suspens ou les points qui apparaissent mal résolus.

La première hypothèse affirme l'existence d'une culture commune, faite de représentations et de valeurs, partagée par tous les membres de l'organisation. Une telle affirmation ne va pas de soi car elle vient contredire la représentation courante de l'entreprise en terme de conflits sociaux et d'antagonismes de classe. La nature du travail, les différences de salaire, les affiliations syndicales sont autant d'éléments porteurs de fortes tensions au

14. Cf. notamment la *Revue française de gestion*, n° 47-48, septembre-octobre 1984, qui consacre la totalité de ce numéro à la culture d'entreprise.

sein de l'entreprise qui tendent à relativiser l'existence d'intérêts partagés comme d'une culture commune. Pierre Eric Tixier[15] complète ces réserves en indiquant que l'on est passé d'une vision verticale des rapports sociaux, en terme de classes sociales opposées, à une vision horizontale qui représente l'entreprise comme une communauté dans laquelle communient des individus différenciés. Alors que la première vision sous-estimait tout ce qui pouvait constituer l'appartenance commune à une même organisation, la seconde surestime les éléments consensuels.

La deuxième hypothèse sur laquelle repose la notion de culture d'entreprise met l'accent sur le fait que les jeux et les stratégies des acteurs au sein des organisations sont nourris par des valeurs intériorisées et des systèmes de représentation. Cette hypothèse, note Renaud Sainsaulieu (1987, *op. cit.*, p. 207), consacre une rupture formelle avec la sociologie des organisations d'inspiration croziérienne pour laquelle les stratégies des acteurs tendent à être exclusivement interprétées en termes d'opportunités de pouvoir. Erhard Friedberg (1993, *op. cit.* p. 214) adopte une position plus nuancée puisqu'il précise que les comportements des acteurs relèvent aussi de leur histoire personnelle et des processus d'apprentissage traversés, lesquels conditionnent leur perception de la situation comme leur capacité à s'y ajuster. La question qui se pose alors est celle du poids de ces représentations culturellement transmises dans les jeux et les stratégies menés par les acteurs.

La troisième hypothèse engagée par le concept de culture d'entreprise associe celle-ci à un projet mobilisateur. L'entreprise ne se limiterait pas à un espace dans lequel se manifesteraient des pratiques collectives héritées du passé, des valeurs et des rituels partagés, une identité spécifique, elle mobiliserait également ses membres sur un projet civilisateur. Comment, s'interroge Renaud Sainsaulieu, passer de représentations et de pratiques partagées entre membres d'une même communauté à l'adhésion et à l'engagement sur un projet impliquant des objectifs précis à atteindre, des réalisations à concrétiser et des mises en conformité des comportements de chacun ? Pierre Eric Tixier (1988, art. cit.) insiste sur la fragilité des outils

15. « Légitimité et modes de domination dans les organisations », *Sociologie du travail*, n° 4, 1988, pp. 615-629.

de management, fragilité due au caractère souvent éphémère des référents symboliques qu'ils mobilisent. Il insiste sur les risques de décalage susceptibles de se produire entre l'image véhiculée par le projet d'entreprise et la réalité telle qu'elle est ressentie par le plus grand nombre, la démotivation pouvant se substituer à l'adhésion recherchée.

La notion de culture d'entreprise implique une quatrième hypothèse. Celle-ci voit dans l'entreprise une micro-société capable d'instituer durablement les règles de son fonctionnement social interne. Comme le remarque Michel Liu[16], cette hypothèse impose l'image d'une unité sociale ayant une structure et des traits originaux relativement stables. Le problème qui découle d'une telle hypothèse réside dans la tendance à considérer l'entreprise comme un univers clos — une communauté repliée sur elle-même — relativement distinct de son environnement social extérieur.

Une cinquième hypothèse est parfois associée à l'utilisation de la notion de culture d'entreprise. Elle va, d'une certaine façon, à l'encontre de la précédente. Développée par Renaud Sainsaulieu et Denis Segrestin (1986, art. cit.), elle suggère que l'entreprise est productrice de sociabilités, d'identités, de valeurs susceptibles de rejaillir sur la société globale et de l'imprégner. Une telle hypothèse, outre le fait qu'elle suppose des formes d'apprentissage, de transmission et de diffusion de ces ferments culturels en direction de la société, amène à s'interroger sur la compatibilité entre de tels mécanismes et les exigences plus triviales de la production.

L'examen de ces hypothèses atteste que la notion de culture d'entreprise soulève plus de questions qu'elle n'en résoud. Son caractère opératoire ne peut s'affirmer que par le détour d'analyses empiriques. Et celles-ci peuvent venir bousculer quelques idées trop vite reçues !

3.2 Culture ouvrière et culture d'entreprise

Il est généralement admis que la place prise par l'entreprise au cours des années 80 est due à l'affaiblissement des systèmes d'identification anté-

16. « L'autonomie des entreprises dans le champ social », dans R. Sainsaulieu (dir.), *L'Entreprise, une affaire de société*, Paris, Presses de la FNSP, 1992, pp. 119-130.

rieurs. Maryse Tripier[17], s'interrogeant sur les formes d'élaboration de la culture d'entreprise, part d'une hypothèse quasi inverse. S'il faut tellement d'efforts et de professionnels des ressources humaines pour aider à la construction ou à l'accouchement d'une culture d'entreprise, c'est peut-être, suggère-t-elle, en raison de la perdurance d'autres systèmes d'identification : les valeurs de métier mais aussi l'appartenance ethnique, régionale ou syndicale qui continuent à faire sens pour les salariés. En même temps, note-t-elle, les entreprises sont elles-mêmes productrices de modèles culturels, *a fortiori* lorsqu'elles entretiennent des rapports de longue durée avec leurs salariés ou leur environnement local. Ces deux aspects coexistent donc au sein des entreprises et les comportements des membres témoignent d'une juxtaposition plus ou moins hiérarchisée de systèmes d'identification différents, internes et externes à l'entreprise. C'est cette imbrication entre des systèmes d'identification différents que Maryse Tripier s'efforce d'analyser.

Ses investigations ont porté, au début des années 80, sur une entreprise métallurgique, sous-traitante de l'automobile. Cette entreprise, qui occupait près de mille salariés en 1979, a déposé son bilan en 1985, licenciant un peu plus de cinq cents personnes. Il s'agit d'une communauté industrielle relativement isolée, dans une société locale rurale structurée par l'existence d'un syndicat CGT unique et puissant. Cette communauté se caractérise par l'existence d'une très forte culture ouvrière, prolétaire, qui s'appuie sur l'articulation de deux dimensions : d'une part, la référence à la classe ouvrière associée à un sentiment d'appartenance à une vaste collectivité ouvrière opposée à tous les autres groupes sociaux et, d'autre part, la réduction de cette représentation au champ de l'entreprise vécu comme l'espace clos des affrontements et des rapports de force.

À l'occasion des crises sociales qui traversent l'usine, s'opère un déplacement de cette culture ouvrière extrêmement prégnante vers une mobilisation identitaire fondée sur l'entreprise. L'appropriation symbolique de l'entreprise, dans son ensemble, par son groupe ouvrier se traduit par des

17. « Culture ouvrière et culture d'entreprise. À propos de la disparition d'une PME en milieu rural », *Sociologie du travail*, n° 3, 1986, pp. 373-386.

mobilisations du type « touche pas à ma boîte » dirigées contre le concurrent allemand dont la présence menace l'emploi et par un refus de toute intervention extérieure, tant celle du sénateur qui s'était institué médiateur que celle de l'instance régionale de la CGT. L'opposition entre le « nous » et le « eux » ne recouvre plus uniquement l'opposition entre la direction et les salariés, élément structurant de la culture ouvrière, elle désigne tout autant sinon plus l'opposition entre l'entreprise et ce qui lui est extérieur. Cette reconnaissance de l'entreprise comme entité faisant sens et à laquelle chacun s'identifie part du groupe ouvrier et s'élargit à toutes les catégories de salariés de l'entreprise, cadres compris, puis à l'ensemble de la société locale.

Toutefois, pour que cette identification s'opère, note Maryse Tripier, la situation de crise, la menace de fermeture ne suffit pas. Elle suppose que les bases de la communauté ne soient pas artificielles. Dans le cas étudié, c'est la communauté ouvrière — de par son caractère d'enclave sociale, l'ancienneté de son histoire, la continuité intergénérationnelle — qui en constitue la matrice. Ce faisant, Maryse Tripier montre que la culture d'entreprise ne se construit pas sur du vide mais à partir de l'existant. Culture ouvrière et culture d'entreprise ne s'opposent donc pas nécessairement. Par ailleurs, Maryse Tripier met l'accent sur un autre élément essentiel : telle qu'elle l'a construite, la notion de culture d'entreprise ne renvoie pas à un processus d'intégration ou d'identification d'où serait exclue toute réalité conflictuelle.

3.3 Le concept de culture en question

Quittons un instant l'entreprise et allons faire un tour du côté de l'analyse des sociétés traditionnelles, africaines notamment, qui ont fait le bonheur de l'anthropologie. Qu'y découvre-t-on ? Des ethnologues qui, hier, se repaissaient du concept de culture au point que, pendant des décennies, l'anthropologie s'est confondue avec le culturalisme, en critiquent aujourd'hui les fondements. Ces détours par les interrogations d'une autre discipline — à cent lieues de l'objet qui nous occupe — ont les vertus qu'avaient jadis les humanités, celles de la distance à l'égard de nos préoccupations immédiates.

L'anthropologie culturelle, constate Jean-Loup Amselle[18], tend à présenter le monde sous les traits d'une pluralité de cultures qui constituent autant d'univers clos entre lesquels ne s'instaure aucune communication. Or, argumente-t-il, l'assignation de telle ou telle culture procède d'abord d'un regard extérieur objectivant : en quelque sorte, les ethnies seraient une invention conjointe des administrateurs coloniaux et des ethnologues. Bien entendu, cette assignation ne procède pas d'un arbitraire absolu, pas plus qu'elle ne signifie que les cultures sont des créations totalement artificielles : simplement les caractères distinctifs ont été identifiés comme discriminants alors que systématiquement les traits communs, les similitudes n'ont pas été perçus ou ont été passés sous silence. L'identification de « cultures » comme autant de groupes homogènes, d'ensembles discrets — c'est-à-dire séparés, discernables — suppose de les photographier à un temps *t*, remarque Jean-Loup Amselle, et, de surcroît, de s'interdire de les considérer comme des ensembles vivants. En effet, une culture singulière ne peut être saisie comme telle que si elle a été prélevée plus ou moins artificiellement du tissu « interculturel » dans lequel elle s'insérait.

À cette approche culturaliste et fortement essentialiste — qui fonde toute l'anthropologie depuis ses origines — Jean-Loup Amselle préconise un autre raisonnement qui consiste à partir de l'idée d'une logique métisse ; autrement dit, une perspective mettant l'accent sur le mélange ou le syncrétisme originaires. À partir d'une telle approche, illustrée par de nombreuses enquêtes sur les chefferies Peul, Bambara et Malinké du sud-ouest du Mali et du nord-est de la Guinée, l'auteur s'efforce de penser relationnellement et non pas séparément, de façon dynamique et non pas statique, les groupes ethniques qui apparaissent comme des ensembles sociaux mouvants au sein desquels l'identité se construit en se transformant et n'est pas assignée mécaniquement. Jean-Loup Amselle en vient à interroger la pertinence de la notion de culture. Il lui substitue l'idée d'un « réservoir » — d'autres chercheurs préfèrent la notion de « répertoire » — de référents et de

18. *Logiques métisses. Anthropologie de l'identité en Afrique et ailleurs*, Paris, Payot, 1990. On trouvera une présentation plus complète de cet ouvrage dans C. Lafaye, *Politix*, n° 10-11, 1990, pp. 147-149.

pratiques internes ou externes à un espace social donné que les acteurs sociaux mobilisent en fonction de telle ou telle conjoncture plutôt que des normes et des valeurs propres à un groupe et s'imposant mécaniquement à chacun de ses membres.

Une telle perspective conduit à reconsidérer, dans tous les domaines, donc dans l'entreprise, les utilisations qui sont faites de la notion de culture. Elle invite à mettre l'accent, à la manière de Maryse Tripier, sur les relations et les articulations susceptibles de se nouer entre des référents et des systèmes d'identification internes et externes à l'entreprise. Les valeurs véhiculées par l'entreprise et les pratiques qui s'y déroulent nécessitent qu'on les pense en relation étroite avec celles de la société environnante. Telle est d'ailleurs l'orientation retenue par Renaud Sainsaulieu et Denis Segrestin (1986, art. cit.) qui posent les fondements d'une sociologie de l'entreprise.

4. Les fondements d'une sociologie de l'entreprise

Renaud Sainsaulieu et Denis Segrestin sont issus de deux traditions différentes : le premier vient de la sociologie des organisations d'inspiration croziérienne cependant que le second a fait ses armes dans la sociologie du travail où il s'est spécialisé dans l'analyse du syndicalisme et dans l'étude du phénomène corporatiste. Tous deux vont se rejoindre, au milieu des années 80, dans une tentative pour penser et interpréter le phénomène de la réhabilitation de l'entreprise en France dont ils sont les observateurs attentifs. Car d'ignorée, délaissée, voire méprisée qu'elle était jusque vers la fin des années 70, l'entreprise devient un quasi-objet de culte dix ans plus tard, ainsi qu'en atteste, en 1988, le centième numéro de la revue *Autrement*[19], Renaud Sainsaulieu et Denis Segrestin ont en commun de prendre acte de la multiplication de ces discours de valorisation et de refuser de les considérer comme un simple phénomène de mode. C'est, à leurs yeux, la recherche

19. Cf. « Le culte de l'entreprise », *Autrement*, coll. « Mutations », n° 100, 1988.

d'un nouvel état de régulation des rapports sociaux qui s'y joue. Avant de présenter les détails de l'approche institutionnelle de l'entreprise qu'ils revendiquent, on évoquera l'analyse proposée par Denis Segrestin des mutations historiques de cette forme sociale qu'est l'entreprise[20].

4.1 L'entreprise : entre « société » et « communauté »

Denis Segrestin a recours, pour analyser l'entrée de l'entreprise en société, à des notions travaillées par la sociologie naissante de la fin du XIXe siècle : celles de « communauté » et de « société » conceptualisées par Ferdinand Tönnies et enrichies par Max Weber avec les termes de « communalisation » et de « sociation ». Ferdinand Tönnies a opposé la « société », caractérisant la civilisation urbaine et industrielle fondée sur des lois écrites et des contrats rationnels à la « communauté », reposant sur des liens organiques, affectifs et spirituels. Max Weber (1971, *op. cit.*), pour sa part, définit la « communalisation » comme une relation sociale fondée sur le sentiment subjectif d'appartenir à une même communauté, alors que, dans la « sociation », la relation sociale est fondée sur un compromis ou une coordination d'intérêts motivés rationnellement, tels qu'on les trouve dans l'échange marchand ou dans toute association orientée vers la poursuite d'intérêts matériels ou politiques. « Communalisation » et « sociation » sont des types idéaux. Dans la réalité empirique, toute sociation tend vers la communalisation dès lors que les relations entre ses membres dépassent le cadre contractuel qui la fonde. Inversement, une relation sociale vécue comme communalisation peut être orientée dans le sens d'une sociation, à l'image du groupement familial, ressenti affectivement comme une communauté mais qui peut néanmoins être exploité comme une société.

Sur le plan historique, nous dit Denis Segrestin, l'entreprise se serait d'abord construite sur le mode sociétaire, en rupture avec les valeurs traditionnelles du métier et de la communauté fusionnelle des corporations.

20. « L'entrée de l'entreprise en société », *Revue française de science politique*, n° 4, 1987, pp. 461-477.

Cette rupture correspond, en quelque sorte, au moment de l'entrée dans la modernité dans la mesure où le lien social se transforme : les relations de proximité font place à la distanciation du contrat et les représentations partagées s'effacent derrière les règles et les procédures. Cette constitution sociétaire de l'entreprise se serait affirmée au fil du temps et aurait trouvé des ancrages dans une conception conflictuelle des rapports sociaux internes productrice d'autonomie, de compromis, de règles et de relations contractuelles. Les vertus dynamiques de cette révolution sociétaire semblent avoir été consommées, note Denis Segrestin, au point qu'on en soit réduit à ne plus percevoir que des effets pervers faits d'excès, de confusions et de blocages. Est-ce à dire que, par un retour du balancier, on observerait aujourd'hui la résurgence d'une construction communautaire de l'entreprise ? On peut en douter. En effet, cette tentation, reposant sur une idéologie du consensus, tend à nier l'expérience de l'autonomie des acteurs sociaux acquise au cours de plus d'un siècle de construction sociétaire de l'entreprise. Or, celle-ci ne peut être effacée du jour au lendemain. Denis Segrestin voit, dans l'évolution récente de la place de l'entreprise dans la société, un mouvement de communalisation compatible avec les acquis antérieurs de la sociation. L'ancrage de la relation de production dans le champ de la sociabilité s'ajusterait à l'expérience d'autonomie des acteurs sociaux au lieu de s'y opposer. Cette articulation entre sociation et communalisation tendrait à devenir dans l'entreprise un véritable modèle de référence de l'ajustement des rapports sociaux.

On voit, ce faisant, que l'analyse historique de Denis Segrestin récuse la vision de l'entreprise comme univers clos. Tel est également le cas de l'approche institutionnelle de l'entreprise, tentative pour poser les fondements d'un cadre d'analyse d'une sociologie de l'entreprise.

4.2 L'approche institutionnelle de l'entreprise

L'approche institutionnelle de l'entreprise (Sainsaulieu et Segrestin, 1986, art. cit.) s'efforce précisément, dans le prolongement de la voie ouverte par Marc Maurice, François Sellier et Jean-Jacques Silvestre (1982, *op. cit.*), de comprendre la place occupée par l'entreprise dans la société contemporaine. Au terme de leur recherche sur les politiques d'éducation et l'organisation industrielle en France et en Allemagne, ceux-ci préconisaient une analyse sociétale de l'entreprise, conçue à la fois comme organisation autonome et comme institution construite dans et par les forces s'exprimant dans le fait salarial. Denis Segrestin et Renaud Sainsaulieu poursuivent cette piste en considérant que l'entreprise n'est pas une organisation parmi d'autres mais bien une institution centrale de la société d'aujourd'hui apte à assurer une nouvelle régulation des rapports sociaux. Cette régulation se réalise, selon les auteurs, à trois niveaux : le niveau identitaire, le niveau culturel et le niveau du changement.

Renaud Sainsaulieu et Denis Segrestin notent que, dans un contexte général d'affaiblissement des repères sociaux habituels, l'entreprise s'affirme comme un foyer de production identitaire. Celui-ci ne se pose plus seulement dans les termes du militantisme, des communautés professionnelles ou des groupes d'appartenance informels, mais aussi sur la base même de l'entreprise. Celle-ci devient un enjeu de société porteur d'un potentiel de reconnaissance et de redéfinition des identités collectives, sans que l'on puisse pour autant assimiler ce phénomène au traditionnel « esprit maison ». En effet, ce dernier se caractérisait par une identification fusionnelle à la communauté, par une forte homogénéité de tous au sein de la même famille et par une articulation hiérarchique très rigide, ce qui n'est pas le cas de la forme actuelle qui s'avère plus souple et moins fusionnelle. Les auteurs soulignent que ces évolutions n'émergent pas *ex nihilo* mais sont des redéfinitions identitaires qui prennent appui sur l'existant.

La valorisation de l'entreprise comme objet sociologique fait implicitement référence à l'autonomie de sa culture et de son développement, notent les auteurs. Pourtant, cette image de l'entreprise, cellule fortement soudée par une culture commune conçue comme le liant symbolique de valeurs partagées (sentiment d'appartenance, capacité collective à produire, consensus autour de projets, communauté de travail, etc.), est loin de correspondre à la majorité des cas rencontrés. En effet, dans de nombreuses entreprises, toute une série d'expérimentations managériales (cercles de qualité, groupes d'expression, décentralisation, horaires souples, travail à domicile) ont produit des processus d'autonomie et de différenciation dont la compatibilité avec la vision d'une communauté intégrée reste à démontrer. Ces expériences semblent contradictoires avec l'objectif d'intégration, dans la mesure où elles se traduisent par plus de diversité et de différences que d'homogénéité et de similitude. Les entreprises contemporaines ne sont ni des tribus, ni des familles, ni des villages isolés, rappelle Renaud Sainsaulieu (1987, *op. cit.*, p. 206). Revenir au concept de culture pour comprendre la dynamique sociale des entreprises suppose que tous les phénomènes identitaires et culturels évoqués précédemment aient la possibilité de se réaliser : qu'on y trouve une culture organisationnelle, des processus de constitution de communautés, d'apprentissage et de confrontations culturelles ainsi qu'un rapport aux institutions et à la société.

Avec le troisième niveau — celui du changement —, c'est la question des rapports entre l'entreprise et la société dans son entier qui est posée. L'hypothèse du changement défendue par Renaud Sainsaulieu et Denis Segrestin s'articule autour de l'idée suivante : l'entreprise n'est pas seulement un lieu de production et de diffusion de règles, elle a aussi une propension à produire des valeurs, des modèles et des systèmes de représentation. Le changement résulte du fait que l'entreprise évolue dans son rapport à la société et peut contribuer ou non au changement de cette société. C'est la dynamique de la relation entre l'entreprise et la société qui est facteur de changement : changement au sein de l'entreprise mais aussi changement de la société dans son entier…

Ainsi conçu, le projet d'une sociologie de l'entreprise est ambitieux. Il prend acte de l'autonomie de l'entreprise, même si celle-ci demeure relative et objet de débats[21]. Tant l'approche institutionnelle, préconisée par Renaud Sainsaulieu et Denis Segrestin, que l'approche sociétale, à laquelle a recours Marc Maurice, s'efforcent précisément de penser les relations entre l'entreprise et son environnement et remettent en cause l'opposition entre

21. Cf. Michel Liu (1992, *op. cit.*) et Bernard Ramanantsoa, « L'autonomie stratégique de l'entreprise », dans R. Sainsaulieu (dir.), *L'Entreprise, une affaire de société*, Paris, Presses de la FNSP, 1992, pp. 131-147.

ce qui serait un intérieur et un extérieur de l'entreprise. Mais elles vont plus loin que la sociologie des organisations d'inspiration croziérienne car il ne s'agit plus seulement de mettre l'accent sur l'interpénétration avec l'environnement immédiatement pertinent mais bien de voir en quoi l'« institution-entreprise » est capable de produire des effets sur le monde qui l'entoure et donc de contribuer au changement de la société dans son ensemble. De simple organisation, l'entreprise est devenue institution.

Les limites de cette perspective tiennent peut-être au fait que ses orientations théoriques sont étroitement liées au discours de la réhabilitation sociale et politique de l'entreprise en France[22]. Car la promotion symbolique de l'entreprise dans les années 80 n'est pas sans lien tant avec les succès, notamment au sein des univers politiques et journalistiques, du libéralisme économique qu'avec l'effacement des lectures marxistes du monde. Dans ce contexte intellectuel, le risque est alors de présenter une vision exclusivement consensuelle de l'entreprise, de ne plus penser les relations de domination entre acteurs et groupes d'acteurs en son sein. Les thématiques comme celle de la culture d'entreprise, en particulier dans ses usages managériaux, peuvent d'ailleurs apparaître en concurrence avec d'autres représentations, antérieurement stabilisées, comme celles de classes sociales et de lutte des classes. On peut se demander alors s'il appartient aux sociologues de se faire les hérault de tels processus ou s'il ne convient pas mieux de garder quelques distances dans leur décryptage ?

22. Au demeurant, les médias se font déjà les échos de la fin de l'état de grâce. Cf. *Le Monde*, 14 avril 1993, supplément « Initiatives » intitulé « Les divorcés de l'entreprise ».

5

LES ORGANISATIONS VUES D'AILLEURS

Les analyses les plus classiques des organisations et leurs prolongements ont nourri les chapitres précédents. Or, aujourd'hui, celles-ci ont parfois du mal à se renouveler. Ne peut-on pas repérer ailleurs, au sein de cadres d'analyse construits en fonction d'autres préoccupations, des éléments susceptibles de contribuer à ce renouvellement ? Ainsi, ne peut-on pas penser les organisations à l'aide d'autres notions que celles de pouvoir ou de culture ? De même, le concept de « système d'action concret », forgé par Michel Crozier et Erhard Friedberg, épuise-t-il complètement l'analyse des relations entre les organisations et leur environnement ? Celle-ci ne gagnerait-elle pas à explorer d'autres notions ?

1. L'ORGANISATION COMME « MONTAGE COMPOSITE »

La perspective initiée par Luc Boltanski et Laurent Thévenot, ainsi que les travaux réalisés dans leur sillage, s'avèrent particulièrement stimulants pour clarifier les « logiques d'action » qui travaillent les univers organisationnels. Si cette notion n'est pas étrangère à la sociologie classique des organisations, soit elle s'avère fortement contrainte par les notions d'intérêt et de stratégie, soit elle conduit au découpage des organisations en dimensions économiques, techniques, sociales, culturelles, etc. Dans le premier cas, les logiques d'action sont fortement réduites à des stratégies d'acteur, à la diversité des intérêts qui les animent et qui s'affrontent au sein d'un système d'action, cependant que, dans le second cas, les différentes dimensions de l'action sont juxtaposées sans que l'on saisisse véritablement comment les acteurs s'accomodent de ce cloisonnement. La voie ouverte par Luc Boltanski et Laurent Thévenot conduit à préciser les différentes modalités de l'action en fonction des situations traversées par les acteurs tout en problématisant leurs relations.

Luc Boltanski et Laurent Thévenot[1] se sont d'abord penchés sur des logiques d'action à forte légitimité, publiquement justifiables, et relevant, à ce titre, d'un **régime de justification**, avant de s'intéresser à des régimes d'action beaucoup plus diversifiés. Élaboré en le confrontant à des terrains empiriques variés, ce cadre d'analyse permet d'appréhender les organisations comme des lieux de passage, de tension et d'articulation entre des logiques et des régimes d'action de nature différente. La notion de système, jusqu'ici au cœur de la sociologie des organisations, fait alors place à celle de « montage composite ».

1.1 L'exigence de justification dans les organisations

L'intérêt et les stratégies de pouvoir sont-ils le moteur premier de l'action au sein des organisations, comme tend à le suggérer la sociologie d'inspiration croziérienne ? L'approche proposée par Luc Boltanski et Laurent Thévenot met au contraire l'accent sur des situations, au sein des univers organisationnels et plus généralement du monde social, dans lesquelles les acteurs sont contraints de faire la preuve du bien-fondé de ce qu'ils disent et font, des décisions qu'ils prennent et des actions qu'ils mènent. Ils font l'hypothèse que les acteurs sont conduits à prendre appui sur un nombre restreint de référents généraux qui sont des principes de justification et de jugement ; ceux-ci peuvent être mobilisés aussi bien pour justifier une action entreprise que pour la critiquer ou en dénoncer l'injustice. La légitimité de ces référents tient à leur généralité, à leur visée d'universalité, mais aussi au fait qu'ils doivent être ajustés aux dispositifs concrets des situations dans lesquelles ils sont mobilisés sous peine d'être disqualifiés. En effet, loin d'être des principes abstraits, ils supposent une mise à l'épreuve du jugement porté ou de la justification avancée.

Luc Boltanski et Laurent Thévenot ont dégagé six principes de justification. Ces différents principes ne correspondent pas à des sphères séparées

1. *De la justification*, Paris, Gallimard, 1991 (1re édition : *Les Économies de la grandeur*, Paris, Cahiers du CEE-PUF, 1987).

du monde social mais coexistent au sein d'un même espace, par exemple, dans une même organisation. Leur nombre n'est pas nécessairement figé[2]. Il est lié à la démarche suivie par les auteurs qui ont pris le parti de ne retenir que des principes répondant à des exigences communes. En effet, à leurs yeux, si l'identification empirique de ces principes de justification est indispensable et constitue un indice sérieux, elle ne suffit pas à attester de leur universalité. Le premier principe, celui de l'**inspiration**, repose sur l'inventivité, l'imagination, la spontanéité. Le principe **domestique** prend appui sur la tradition, la confiance dans les relations dont seul le temps est le gage. Ainsi, le souci d'avoir des collaborateurs loyaux et de confiance justifie-t-il les recrutements fondés sur des recommandations personnelles. Le principe du **renom** est fondé sur la reconnaissance du plus grand nombre et le crédit accordé par l'opinion. Par exemple, la recherche de notoriété sera au cœur des actions de communications externe et interne engagées par de nombreuses organisations. Le principe **civique** est incarné par la volonté générale et implique l'engagement d'actions collectives orientées vers l'intérêt général et la solidarité. L'entreprise prend appui sur cette forme de légitimité pour justifier les actions menées par exemple en faveur des plus démunis, ou de l'environnement, etc. Le principe **marchand** repose sur la concurrence et l'harmonie de l'offre et de la demande telles qu'elles prévalent sur un marché. Enfin le principe **industriel** est fondé sur l'efficacité, la productivité et la prévisibilité…

Les organisations ne reposent donc pas sur un principe unique de légitimité même si, aujourd'hui, la justification marchande tend à se substituer à la justification industrielle et aux modèles de planification et d'amélioration de la productivité qui l'accompagnaient. Laurent Thévenot[3] note que cette activation ou réactivation des liens marchands ne suffit pas à rendre compte

2. Pour une exploration empirique d'un septième principe de justification, lequel remet d'ailleurs en partie en cause le cadre d'analyse initial, cf. Claudette Lafaye et Laurent Thévenot, « Une justification écologique ? Conflits dans l'aménagement de la nature », *Revue française de Sociologie*, XXXIV, pp. 495-524.
3. Laurent Thévenot, « La trame des organisations » dans T. Globokar (dir), *Entreprise, société, communauté*, Paris, Autrement, 1993, pp. 51-72.

de la dynamique des organisations, lesquelles relèvent plutôt d'un **montage composite** entre des exigences plurielles. Par exemple, la nécessité, pour une entreprise, d'être sensible à la demande de sa clientèle se heurte à la planification de la production ou encore les rapports de confiance et de fidélité établis avec des fournisseurs vont à l'encontre du suivi de la versatilité du marché[4]. Les tensions qui résultent de ces exigences multiples renvoient à des exigences plus fondamentales que de simples affrontements entre des groupes ou des services aux intérêts différents, comme ce serait le cas, dans l'exemple cité, entre services commerciaux et services de production ou service des achats. Dans le prolongement des investigations menées par Alvin V. Gouldner[5], on a ainsi montré comment une réorganisation de services municipaux visait à imposer un impératif de productivité et de rationalité technique (justification de nature industrielle) à l'ensemble du fonctionnement municipal en disqualifiant systématiquement, par exemple, le recrutement par cooptation (justification domestique) comme les actions de solidarité à l'égard des employés en difficultés (principe de solidarité civique[6]).

Mais pour que tienne une organisation, l'affrontement ne peut être la seule figure de relations entre ces logiques différentes. Le compromis en constitue une autre. Les entreprises associatives étudiées par Emmanuelle Marchal[7] combinent, en leur sein, la professionnalité de l'entreprise et les exigences démocratiques caractéristiques du statut associatif. L'auteur montre la diversité des formes organisationnelles qui en résultent et comment, selon les cas, les exigences propres au dispositif associatif peuvent venir gêner ou appuyer les impératifs du dispositif entrepreneurial. Des

4. Cf. François Eymard-Duvernay, « Les entreprises et leurs modèles », Paris, Cahiers du CEE-PUF, 1987, p. 5-12.
5. Cf. *Patterns of Industrial Bureaucracy,* 1954, chapitre 1 : « La réorganisation d'une entreprise industrielle ».
6. Cf. Claudette Lafaye, « Réorganisation industrielle d'une municipalité de gauche » dans Boltanski Luc et Thévenot Laurent (dir.), *Justice et justesse dans le travail,* Cahiers du CEE-PUF, 1989, p. 43-66.
7. Cf. Emmanuelle Marchal, « L'entreprise associative entre calcul économique et désintéressement », *Revue française de sociologie*, XXXIII, 1992, p. 365-390.

observations similaires ont été faites sur des agences bancaires[8] et des établissements scolaires[9]. Les compromis entre des logiques d'action différentes peuvent parfois prendre la forme d'innovations techniques comme lorsqu'est inventé, dans une entreprise laitière, un automate susceptible de fabriquer du camembert traditionnel en reproduisant le geste séculaire du mouleur[10]. Une telle invention réalise un compromis entre des exigences prenant appui sur la tradition et des impératifs de standardisation industrielle.

Le cadre d'analyse de la justification, forgé par Luc Boltanski et Laurent Thévenot, ouvre de nouvelles perspectives à la sociologie des organisations. Le caractère pluriel et souvent contradictoire des exigences de justification fait que les organisations ne procèdent plus d'une dynamique d'ajustement unique, comme lorsque celle-ci reposait sur la capacité des acteurs à acquérir du pouvoir et à se saisir de zones d'incertitude, ou encore sur une coordination culturelle, à l'instar de la sociologie de l'entreprise.

Cependant, mêmes plurielles, les formes de justification sont insuffisantes à rendre compte de l'ensemble du fonctionnement des organisations. L'analyse doit pouvoir s'ouvrir à l'identification d'autres régimes d'action.

1.2 Une pluralité de régimes d'action

L'exigence de justification ne pèse pas, à tout instant, sur toutes les situations de la vie sociale. Celle-ci demeure circonscrite aux moments où il est nécessaire de répondre à la critique, voire de l'anticiper. Les univers organisationnels n'échappent pas à cette règle et de nombreuses actions sont conduites en référence à d'autres logiques.

Luc Boltanski[11] distingue trois autres régimes d'action aux côtés du **régime de la justification** :

8. Cf. André Wissler, « Les jugements dans l'octroi de crédit » dans Luc Boltanski et Laurent Thévenot, (dir.), *Justice et justesse dans le travail*, Cahiers du CEE-PUF, 1989, pp. 67-120.
9. Cf. Jean-Louis Derouet, *École et justice*, Paris, A.-M. Métailié, 1992.
10. Cf. Pierre Boisart et Marie-Thérèse Letablier, « Un compromis d'innovation entre tradition et standardisation dans l'industrie laitière », dans Boltanski Luc et Thévenot Laurent (dir.), *Justice et justesse dans le travail*, Cahiers du CEE-PUF, 1989, pp. 209-218.
11. Luc Boltanski, *L'Amour et la justice comme compétence*, Paris, A.-M. Métailié, 1990.

– en premier lieu, le **régime de la justesse**, qui se caractérise par la routine. Les personnes et les choses sont liées les unes aux autres dans des dispositifs stabilisés sans que la dispute y soit activée. Ce régime rend compte de nombreux moments du fonctionnement ordinaire des organisations : chacun vaque à ses activités, les procédures dictent leur conduite, les décisions prises ne sont pas contestées…
– en second lieu, le **régime de la violence,** marqué par la rupture des conventions préétablies et par l'affrontement sans mesure des forces. Les moments de crise au sein des organisations, comme, par exemple, les grèves dites « sauvages », avec rupture des négociations, séquestration des membres de la direction, « débordements » des délégués par la base, relèvent clairement de ce régime ;
– enfin, le **régime de l'agapè** (ou amour), qui peut être défini comme une attention gratuite portée à la personne d'autrui. Ce régime peut être utile pour rendre compte d'interactions fugitives au sein des organisations et permet de donner une cohérence à des actes souvent perçus comme étranges ou irrationnels. C'est, par exemple, le cas lorsqu'un cadre ne voit plus dans le subordonné qui vient de pénétrer dans son bureau qu'un être humain et, sans un mot, lui fait signe de se retirer alors même qu'il l'a convoqué pour l'avertir solennellement des négligences professionnelles dont celui-ci s'est rendu coupable.

Ces deux derniers régimes sont des expériences limites dans la vie des organisations, dont l'une des tendances est, précisément, de contrôler les excès humains. Philippe Corcuff et Nathalie Depraz[12] s'intéressent précisément à des situations de ce type et à la façon dont elles sont gérées au sein des hopitaux par les personnels de soin et dans les ANPE par les agents. Ces deux chercheurs analysent la façon dont, dans le face-à-face, que ce soit avec les malades ou avec les demandeurs d'emploi, des infirmières et des agents de l'ANPE sont « happés » par la détresse d'autrui. Ils examinent attentivement les tensions qui se font jour entre la nécessité de traiter

12. « Vers une sociologie de l'interpellation éthique dans le face à face. Le cas des relations infirmières/malades et agents de l'ANPE/chômeurs », document de travail, mai 1995.

équitablement chacun, la compassion suscitée par certains et la violence que la tranquillité menacée fait constamment affleurer. Cette recherche permet de réinterpréter aussi bien les analyses psychologiques sur le stress de certaines professions que des remarques de Peter Blau[13] portant sur « les réactions émotionnelles », les « sentiments de culpabilité » ou « une trop grande implication dans l'aide aux usagers ». On voit que l'investigation empirique s'avère essentielle pour préciser les modalités de passage — ou de basculement — d'un régime d'action à un autre.

D'autres régimes d'action ont été identifiés. Le **régime de familiarité**, repéré par Laurent Thévenot[14], permet de rendre compte de ces relations de proximité qui n'ont pas de visée générale de justification. C'est le cas lorsque deux collègues, qui ont des activités extra-professionnelles communes, s'arrangent pour partager le même bureau ou avoir les mêmes horaires. Le caractère heuristique de ce régime tient au fait qu'il englobe aussi bien les liens d'intimité que les acteurs nouent entre eux que ceux qu'ils établissent avec des choses, comme le rapport privilégié que l'ouvrier entretient avec *sa* machine. Ce régime permet, dès lors, de ne pas dissocier des éléments relevant de la sociologie des organisations de ceux traités plutôt par la sociologie du travail.

Justification, routine, violence, compassion, familiarité… cette énumération laisse de côté une dimension fondamentale de l'action sur laquelle la sociologie d'inspiration croziérienne avait précisément mis l'accent, à savoir le caractère stratégique de l'action. Le **régime d'action tactique-stratégique**[15] vient combler cette lacune en prenant en compte des comportements stratégiques tout en leur donnant une validité plus restreinte que ne le fait l'approche stratégique classique. En effet, il ne constitue qu'une des modalités d'engagement possible de l'action. Ce régime se manifeste à travers le maintien d'une visée stratégique à long terme et une capacité tactique à saisir les occasions qui se présentent. Il permet notamment de

13. Cf. Chapitre 1 : « Le jeu autour des règles dans deux services publics ».
14. « Le régime de familiarité », *Genèses*, 17, septembre 1994.
15. Ce régime d'action est exploré par le Groupe d'études machiavéliennes de l'Institut d'études politiques de Lyon, animé par Philippe Corcuff.

renouveler l'analyse des processus de décision au sein des organisations en proposant une interprétation neuve des relations entre décision et mise en œuvre[16]. Par ailleurs, ce régime est articulé sur celui de la justification dans la mesure où l'horizon visé est publiquement justifiable, alors que les capacités tactiques déployées dans cette perspective ne le sont pas nécessairement.

Tant l'identification de différents principes de justification que l'exploration de régimes d'action variés contribuent donc à relativiser les modèles stratégiques de l'action. Mais la voie ouverte va au-delà du simple constat de la diversité des logiques d'action : elle invite à penser leurs relations à travers la prise en compte des passages et des basculements d'un régime vers l'autre, qui constituent l'ordinaire du fonctionnement des organisations. On devine, ce faisant, qu'une telle approche n'est plus compatible avec la notion de système, quasi indissociable de la sociologie des organisations. Celle de « montage composite » s'avère plus pertinente pour rendre compte de la fluidité des univers organisationnels et des états multiples dans lesquels ces derniers sont engagés, mais aussi de la stabilisation de ressources et de la répétition de comportements. La notion de système présuppose, même dans ses conceptions les plus atténuées, une cohérence et un état d'équilibre absents de celle de « montage composite ». Si cette dernière notion se superpose aisément à celle d'organisation, les modalités de l'action auxquelles elle renvoie concernent également les relations établies avec l'environnement. Selon les situations, ces relations font appel à des actions de nature tactique-stratégique, s'inscrivent dans des dispositifs stabilisés, sont soumises à des impératifs de justification, se rompent dans la violence, etc. Mais il y a d'autres façons de renouveler l'analyse des liens entre les organisations et leur environnement. Les notions qui vont être présentées maintenant peuvent y contribuer.

16. Cf. Claudette Lafaye, « Aménager un site littoral. Entre politique et pragmatisme », *Études rurales*, n° 133-134, 1994, pp. 163-180.

2. De la notion d'organisation à celle de champ

Pierre Bourdieu a forgé la notion de « champ » pour désigner des univers sociaux extrêmement variés : monde de l'art ou de la littérature, milieu scientifique, univers politique ou administratif, etc. Or, ces univers ne voient pas seulement s'affronter des agents sociaux mais aussi des organisations poursuivant des objectifs différents. La notion de champ ne peut-elle pas contribuer, dès lors, à la clarification des rapports que les organisations entretiennent avec leur environnement proche, voire à une meilleure compréhension de leur fonctionnement interne ? On présentera d'abord les principales caractéristiques des champs sociaux en montrant en quoi ces derniers se différencient du concept de système. Puis on illustrera le pouvoir heuristique de la notion de champ pour l'analyse des organisations à travers l'exemple du champ administratif[17].

2.1 Champ et système

Voyons d'abord ce que recouvre la notion de champ[18] :

– un champ est un espace structuré — et donc hiérarchisé — de positions ou de postes dont les caractéristiques sont relativement indépendantes de leurs occupants ;

– chaque champ se définit par des enjeux et des intérêts spécifiques irréductibles à ceux d'un autre champ : ce qui fait courir un scientifique n'est pas ce qui fait courir un homme d'affaires ou un ecclésiastique ;

17. On a retenu le cas du champ administratif parce qu'il présente l'avantage, outre d'avoir été analysé par Pierre Bourdieu lui-même, d'interpréter différemment des questions familières à la sociologie des organisations la plus classique. Cependant, l'exemple du champ politique aurait également pu servir de fil conducteur : cf. Michel Offerlé, *Les Partis politiques*, Paris, PUF, coll. « Que-sais-je », 1987.

18. On trouvera des présentations accessibles et plus complètes de la notion de champ dans Pierre Bourdieu, *Questions de sociologie*, Paris, Minuit, 1980, en particulier le chapitre intitulé « Quelques propriétés des champs », pp. 113-120 et dans Alain Accardo et Philippe Corcuff, *La Sociologie de Bourdieu. Textes choisis et commentés*, Bordeaux, Le Mascaret, 1986, chapitre 4, pp. 85-104.

– un champ implique également la détention ou la constitution d'un capital propre à celui-ci. Détenir un fort capital économique est essentiel dans le champ des affaires mais totalement incongru dans le champ scientifique où le capital pertinent est d'une autre nature : une thèse, des publications de haut niveau, une reconnaissance internationale, etc. ;
– un champ nécessite que des agents sociaux dotés de dispositions appropriées — que Bourdieu appelle « habitus » — s'investissent en son sein, ce qui suppose de connaître les règles du jeu du champ considéré ;
– la structure d'un champ est le résultat, à un temps *t*, d'un rapport de force entre des agents ou des institutions occupant des positions différentes ;
– un champ est aussi un espace dynamique dans lequel se jouent des luttes pour conserver ou subvertir l'état des rapports de force : occuper les positions dominantes, transformer des positions dominées en positions dominantes, stabiliser des positions instables, faire reconnaître des positions situées aux frontières du champ, en disqualifier d'autres, etc. Ces luttes participent à l'évolution de la structure du champ. Des disciplines comme l'homéopathie ou l'acuponcture, qui ont longtemps été aux marges du champ médical, sont aujourd'hui parvenues à se faire reconnaître et à l'intégrer ;
– un champ n'est pas un espace fermé. En particulier, les frontières du champ constituent un enjeu permanent de luttes entre les agents ou les organisations qui le constituent. L'exemple du champ médical que l'on vient d'évoquer illustre pleinement cette caractéristique ;
– enfin, au sein d'un champ, la lutte à laquelle se livrent les tenants des différentes positions présuppose un accord fondamental sur l'intérêt même de lutter.

Un certain nombre de traits tendent à rapprocher le concept de champ de celui de système d'action concret. En premier lieu, tous deux désignent des espaces qui ne se superposent pas à la notion d'organisation. En second lieu, ces espaces ne sont pas statiques mais dynamiques. En troisième lieu, les champs comme les systèmes d'action concrets sont structurés par des relations et des enjeux de pouvoir ou, plus exactement, par des rapports de force et de domination.

En dépit de ces similitudes, une première différence tient au fait que la conception des rapports de force, chez Pierre Bourdieu, ne recouvre pas la définition des relations de pouvoir proposée par Michel Crozier et Erhard Friedberg. Chez ces derniers, la définition très générale du pouvoir, comme contrôle de l'incertitude, est associée à une diversité de configurations empiriques au sein de chaque système d'action concret. Chez Pierre Bourdieu, les rapports de force et de domination sont toujours médiatisés par la distribution inégale du capital propre à chaque champ. La notion de capital, que l'on peut définir comme les ressources spécifiques à chaque champ — politiques dans le champ politique, scientifiques dans le champ scientifique, etc. —, constitue un niveau intermédiaire entre les acteurs et les luttes auxquelles ils se livrent. Dès lors, un champ est, en partie, préstabilisé alors qu'un système d'action concret « est ce que les acteurs en ont fait ou en font » (Friedberg, 1993, *op. cit.* p. 225). La notion de champ suppose donc — ce qui n'est pas le cas de celle de système d'action concret — un certain degré d'institutionnalisation, une inscription dans la durée, ne serait-ce que parce que les positions qui structurent le champ sont relativement indépendantes de leurs occupants.

Une seconde différence tient au fait qu'un champ se caractérise par un consensus minimal, support et condition des luttes qui s'y déroulent. Ainsi, les rivalités internes au champ des grandes écoles reposent-elles sur la croyance partagée en la nécessité de former une élite intellectuelle. Il en va différemment dans le système d'action concret, dont Erhard Friedberg (1993, *op. cit.* p. 225) nous dit qu'il ne présuppose pas, au départ, l'existence d'une vision partagée ou d'un accord fondateur.

Si le champ implique un degré d'institutionnalisation et repose sur un consensus minimal dont n'est pas doté le système d'action concret, il ne présuppose pas, à la différence de ce dernier, de mécanismes de régulation conduisant à un état d'équilibre. La notion de champ, à la différence de celle de système, n'a pas de connotations fonctionnalistes. Si Pierre Grémion (1976, *op. cit.*) a tendance à considérer que le système politico-administratif local permet de réaliser, entre l'État et la société civile, des ajustements que les règles ne parviennent pas à assurer seules, la notion de champ territorial, forgée par Pierre Bourdieu[19], conduit à remettre en cause l'existence de tels « ajustements », qui laissent de côté l'essentiel des administrés pour ne concerner que les seuls notables.

Enfin, la notion de champ se distingue de celles d'organisation et de système d'action car elle problématise la notion de frontières comme étant un enjeu constant de luttes entre les acteurs concernés. Même les travaux qui, dans le sillage de Michel Crozier, se sont penchés sur le flou des frontières organisationnelles n'ont pas vu cet aspect des choses, la notion de système d'action concret les conduisant à se focaliser sur des phénomènes d'interpénétration entre les organisations et leur environnement extérieur. Or, cette caractéristique des champs sociaux constitue une piste de recherche particulièrement stimulante pour saisir le fonctionnement de certaines organisations. Ainsi, par exemple, les partis politiques et les syndicats constituent des organisations aux frontières à géométrie variable, lesquelles sont l'objet de conflits et de luttes internes pour déterminer si seuls les militants à jour de leurs cotisations, ceux qui sont en retard, les sympathisants, voire les électeurs peuvent participer à telle décision ou manifestation. L'impossibilité d'organiser des primaires pour désigner le candidat de droite à l'élection présidentielle de mai 1995, comme cela a été un moment envisagé par plusieurs hommes politiques du RPR et de l'UDF, a été notamment liée à de tels conflits de frontières et aux enjeux que ces frontières représentaient pour chacun des deux partis politiques. C'est lorsque ces luttes n'ont plus les moyens de se dérouler, en particulier parce que les tenants des positions dominantes ont les moyens d'annuler les réactions des tenants des positions dominées, que des organisations comme les partis politiques ou l'Église se transforment en appareils (Bourdieu, 1980, *op. cit.*, pp.136-137).

Outre les limites de la notion de système d'action qu'il permet de pointer, le concept de champ conduit à mettre en évidence des aspects de la structuration du monde social qui peuvent être utilement transférés à l'analyse des univers organisationnels. Il permet, tout particulièrement, de

19. « Droit et passe-droit. Le champ des pouvoirs territoriaux et la mise en œuvre des règlements », *Actes de la recherche en sciences sociales*, n° 81-82, 1990, pp. 86-96.

rendre compte des rapports complexes, faits d'alliances, d'oppositions, de concurrence, que nouent durablement entre eux des ensembles d'organisations, lesquels sont au principe d'un grand nombre d'actions et de décisions intéressant la sociologie des organisations. L'exemple de la politique du logement va permettre de prolonger la réflexion et de faire saisir le caractère heuristique de la notion de champ.

2.2 Le champ administratif et la politique du logement

Comment sont prises les décisions en matière de financement du logement ou, plus largement, comment est produite la politique du logement ? Des questions similaires ont été posées par la sociologie des organisations et notamment l'analyse stratégique[20]. En s'appuyant sur une recherche menée par Pierre Bourdieu et Rosine Christin[21], on voudrait montrer les apports spécifiques d'une analyse en terme de champ.

Pour répondre à la question de la production de la politique du logement et de son financement, Pierre Bourdieu et Rosine Christin focalisent leur analyse sur un moment critique, lorsque, au milieu des années 70, les antagonismes qui se font jour vont conduire à la mise en place d'un nouvel ordre réglementaire. Celui-ci se traduit par l'abandon partiel des aides à la construction allouées en vue de favoriser le logement social — « l'aide à la pierre », dominante depuis 1947 — auxquelles vient se substituer une allocation — l'Aide personnalisée au logement (APL) — versée aux bénéficiaires de logements sociaux ayant de faibles revenus. Pierre Bourdieu et Rosine Christin nous montrent qu'une telle réforme, généralement imputée à l'activité parlementaire, résulte des rapports de force et de lutte qui se jouent dans un espace infiniment plus vaste et plus complexe. Pour en rendre compte, ils sont conduits à construire le champ des rapports de force et de lutte entre, d'une part, des agents et des organisations administratives, qui sont eux-

20. Cf. Crozier et Friedberg, 1977, *op. cit.*, chapitre 12 : « La décision comme phénomène de changement et comme phénomène systémique » et Grémion, 1976, *op. cit.*
21. « La construction du marché. Le champ administratif et la production de la politique du logement », *Actes de la recherche en sciences sociales*, n° 81-82, 1990, pp. 65-85.

mêmes en concurrence les uns avec les autres, et, d'autre part, des institutions et des agents qui, tout en étant extérieurs à l'univers administratif, y interviennent pour faire valoir leurs intérêts ou ceux des personnes qu'ils représentent. C'est au sein de ce champ que sont définies, sur la base des antagonismes ou des proximités d'intérêts mais aussi des antipathies ou des affinités d'habitus, les procédures réglementant le monde de l'immobilier. On perçoit déjà la complexité d'un tel espace incluant des organisations multiples comme des ministères (ceux de l'Équipement, du Logement ou encore des Finances), des grands corps de l'État (inspection des Finances, ingénieurs des Ponts), des banques, des sociétés immobilières, des promoteurs, des sociétés HLM, des associations d'élus, etc. Dans un tel espace, les informations, les « influences », les pressions circulent dans tous les sens.

La complexité ne réside pas seulement dans le nombre d'organisations intervenant dans cet espace, mais dans le fait que celui-ci est constitué de sous-espaces aux enjeux spécifiques. Le champ administratif rassemble les différents ministères ainsi que leurs services extérieurs. Le champ de la haute fonction publique se présente comme un sous-champ du précédent disposant d'une forte autonomie. Le champ des organismes HLM se situe aux marges du champ administratif cependant que celui des sociétés immobilières lui est extérieur. Chacun de ces champs et sous-champs est lui-même traversé d'affrontements et de luttes spécifiques destinés à transformer les rapports de force existants. Ainsi, le champ de la haute fonction publique est marqué par un débat permanent à propos du rôle de l'État, lequel se résume dans l'alternative entre interventionnisme et laisser faire. Chaque sous-champ retraduit, selon sa logique propre, les oppositions qui structurent l'espace immédiatement englobant : il n'est pas jusqu'à chaque organisation qui ne fonctionne comme un champ et ne soit traversée de luttes de concurrence. Comprendre comment a pris forme une nouvelle politique nécessite de saisir comment s'organise un tel espace : quelles sont les logiques qui structurent les actions et les prises de position tant individuelles que collectives.

La technique de l'analyse factorielle des correspondances est particulièrement adaptée à l'analyse en terme de champ. En effet, cette technique permet de distribuer les forces en présence selon des facteurs structurants et, ce faisant, facilite la mise à jour de la structure des positions permettant d'expliquer les stratégies des agents. Apparaît, tout d'abord, une opposition entre les membres de la très haute fonction publique et les représentants d'intérêts « privés » au sens large puisque se retrouvent associés aux promoteurs et aux banquiers des responsables d'établissements publics de villes nouvelles, des directeurs d'offices HLM ou des élus locaux spécialisés dans les questions du logement. Si les agents du premier pôle ont en commun d'appartenir à de grands corps et de représenter des organisations administratives prestigieuses, les agents situés au pôle opposé ont en commun d'être étrangers à la haute fonction publique et d'être dépourvus de titres scolaires prestigieux. Selon l'analyse de Pierre Bourdieu et Rosine Christin, cette première opposition met à jour un des principes fondamentaux du champ administratif : le fonctionnement de celui-ci et les missions qu'il remplit impliquent son affrontement à des représentants d'intérêts officiellement reconnus mais toujours identifiés comme privés ou particuliers et ce, même lorsqu'il s'agit d'autorités publiques (élus locaux ou nationaux, représentants professionnels ou associatifs). Ces derniers sont en quelque sorte condamnés à occuper une position subordonnée par rapport aux premiers qui détiennent le monopole de la définition de l'intérêt général. Toutefois, aucun de ces deux pôles n'est homogène et les oppositions qui les traversent se retraduisent dans leurs confrontations autour de la mise en place d'un nouvel ordre réglementaire.

Le second principe de division oppose les « financiers » aux « techniciens ». Les premiers regroupent des fonctionnaires issus de l'ENA et de l'inspection des Finances en fonction dans des cabinets ministériels, au sein du ministère des Finances ou dans des banques. Les seconds sont surtout issus de Polytechnique et du corps des Ponts et Chaussée et sont liés au ministère de l'Équipement. Des élus locaux et des représentants du mouvement HLM leur sont associés.

Enfin, le troisième principe de division permet de repérer un groupe de « novateurs » qui ne s'identifie à aucune institution ou organisation et qui transgresse toutes les oppositions précédentes. Ses membres ont en commun de posséder des propriétés qui les distinguent de leur institution d'appartenance : jeunesse, rattachement à des cellules de recherche pour les hauts fonctionnaires, notoriété nationale pour les élus locaux, etc. Au sein du champ administratif, les « novateurs » détiennent un capital, fondé sur la technique et la science, mobilisable rapidement, et qui s'oppose au capital bureaucratique traditionnel fait d'expérience et de connaissance des règlements. C'est de ce groupe que vont surgir les forces capables de surmonter les antagonismes qui paralysent le champ administratif.

Ayant identifié la structure du champ — les forces en présence — Pierre Bourdieu et Rosine Christin lui comparent celle des prises de position. Celles-ci, qu'elles proviennent d'organisations ou d'individus, tendent à se distribuer sur un continuum allant du maintien de l'« aide à la pierre » à son abandon complet au profit de l'aide à la personne. Pierre Bourdieu et Rosine Christin observent que l'espace des prises de position recouvre quasi parfaitement l'espace des positions. Ainsi le ministère des Finances et celui de l'Équipement présentent-ils des thèses antagonistes. Le premier milite en faveur de la substitution pure et simple de l'Aide personnalisée au logement aux aides à la construction cependant que le second, allié aux organismes HLM et aux constructeurs sociaux, souhaite voir maintenu, au moins dans ses grandes lignes, le système en vigueur.

C'est le groupe de « novateurs » qui a permis de surmonter le statu quo des oppositions traditionnelles en parvenant à imposer une solution de compromis combinant l'aide à la construction et l'aide personnalisée. La réussite de leur entreprise, qui a consisté à mobiliser et concilier des intérêts divergents, est en partie due au fait qu'ils occupaient des positions extrêmement dispersées au sein du champ.

L'analyse en terme de champ, proposée par Pierre Bourdieu, permet de reconstituer l'ensemble de l'espace pertinent au sein duquel s'est joué la transformation de la politique du logement au milieu des années 70. On voit que cet espace ne se réduit pas au champ administratif mais qu'il inclut des organisations qui lui sont extérieures. Plus que celle de système, la notion de champ se prête à une identification élargie de la liste des acteurs pertinents et au repérage d'un ensemble de rapports d'alliances et d'oppositions propres à déterminer des interactions et des prises de position. Alors que l'analyse stratégique se limite à signaler que les acteurs appartiennent à plusieurs systèmes et qu'ils peuvent déplacer les enjeux d'un système vers un autre (Friedberg, 1993, p. 234), l'analyse en terme de champ permet de penser les emboîtements des différents espaces. Elle constitue un outil puissant pour penser les relations complexes qui se nouent entre différentes organisations et la façon dont ces relations sont en partie prédéterminées par les espaces plus vastes qui les englobent. La notion de réseau, que l'on va examiner maintenant, dessine une autre architecture des relations internes et externes aux organisations.

3. De la notion d'organisation à celle de réseau

La sociologie des organisations commence, en France, à s'intéresser à l'analyse de réseaux[22]. Cette dernière est présentée, par Alain Degenne et Michel Forsé[23], comme un nouveau paradigme en sciences sociales. La démarche, résolument inductive, cherche à rendre compte des relations qui unissent entre eux des acteurs ou des unités (ménages, familles, entreprises, nations). Ce nouveau paradigme, au succès croissant dans de nombreuses disciplines, couvre des domaines divers en sciences sociales, allant des réseaux de parenté aux relations internationales. Il s'accompagne fréquemment de modélisations mathématiques. Son intérêt est multiple pour la sociologie des organisations.

3.1 Un affinement de l'analyse stratégique

L'analyse de réseaux, soutient Emmanuel Lazega (art. cit.), permet d'étudier aussi bien le fonctionnement interne des organisations que les relations qu'elles entretiennent avec leur environnement. Au niveau interne, l'analyse de réseaux permet de décrire les liens d'amitié, de conseil ou

22. Cf. Emmanuel Lazega, « Analyse de réseaux et sociologie des organisations », *Revue française de sociologie*, XXXV, 1994, pp. 293-320.
23. *Les Réseaux sociaux*, Paris, Armand Colin, 1994.

d'influence qui traversent les frontières formelles tracées par l'organigramme. Ainsi, au sein d'une grande entreprise industrielle, une telle démarche a permis, à travers un dépouillement d'archives sur une durée de plus de trente ans, d'identifier la stucture des relations entre les membres composant l'organisation, ses ramifications à l'extérieur et son évolution. L'analyse fait apparaître une polarisation entre deux grands blocs antagonistes, lesquels contrôlent les recrutements qui s'effectuent sur recommandations. Une troisième position, occupée par des membres qui ne sont impliqués dans aucun des deux blocs précédents, assure l'intégration fragile de l'entreprise, laquelle ne résistera pas à des conflits internes se traduisant par le licenciement des leaders de ce pôle intermédiaire. Cet exemple montre que l'analyse de réseaux peut constituer un outil susceptible d'aider au repérage précis et quantifié des mécanismes de régulation sous-jacents chers à l'analyse stratégique.

L'analyse de réseaux se penche également sur les liens entre organisations et sur la nature des ressources qui circulent entre celles-ci en montrant, notamment, que ces relations se caractérisent par un nombre important d'échanges non économiques. Trois directions de recherche sont identifiées. La première s'intéresse à la formation et au maintien des réseaux qui passent par la présence des mêmes individus au conseil d'administration de plusieurs entreprises. La seconde direction étudie l'influence des réseaux de *lobbying* sur la définition des politiques publiques. Enfin, la troisième direction met en relation les chances de survie des entreprises concurrentielles et les liens informels qu'elles établissent entre elles pour gérer les incertitudes liées à la demande.

Selon Emmanuel Lazega (1995, art. cit.), les affinités entre l'analyse de réseaux et l'analyse stratégique tiennent, en premier lieu, au fait que toutes deux reposent sur une démarche inductive : dans l'une et l'autre approches, le système pas plus que les acteurs collectifs en présence ou la configuration de leurs relations ne constituent un donné mais résultent de l'investigation empirique. En second lieu, l'analyse de réseaux permet de décrire dans les mêmes termes les réseaux formels et informels, qu'ils soient intra ou interorganisationnels, et permet d'identifier de quelle façon ces deux dimensions orientent l'action et définissent un système d'action à l'intérieur duquel les acteurs développent leurs stratégies. L'analyse peut mettre au jour la façon dont des réseaux de relations informelles suppléent les carences de la structure formelle mais aussi comment celle-ci détermine les comportements informels.

Par ailleurs, Emmanuel Lazega montre que l'analyse de réseaux s'avère particulièrement ajustée à la définition crozièrienne du pouvoir comme contrôle de zones d'incertitude. En effet, elle permet d'identifier les acteurs centraux d'un système d'action en recourant à des mesures de centralité ou de prestige. Ainsi, plus un acteur établit un nombre important de liens avec d'autres acteurs, plus il peut nouer ces liens rapidement, plus il est un passage obligé pour d'autres, plus il est central. Un haut score de centralité peut être considéré comme un indicateur de l'étendue ou du caractère crucial de l'incertitude contrôlée par un acteur.

Enfin, analyse de réseaux et analyse stratégique ont en commun, constate Emmanuel Lazega, de se pencher sur la dynamique des structures organisationnelles. Tout d'abord, l'analyse de réseaux s'avère utile pour identifier les relations entre systèmes d'action de niveaux différents, point faible de l'analyse stratégique au regard notamment de l'analyse en terme de champ (Cf. *supra*, 2.2). En effet, elle permet de passer du niveau intra-organisationnel au niveau interorganisationnel en reconstituant, par approximations successives, le système d'action de niveau supérieur et en contribuant à identifier les articulations entre l'individuel, le groupal, l'organisationnel et l'interorganisationnel. Par ailleurs, l'analyse de réseaux peut aussi s'avérer précieuse pour examiner des processus dynamiques et des innovations au sein des organisations. Dans cette perspective, si la sociologie de l'innovation, initiée par Michel Callon et Bruno Latour, fait aussi appel à la notion de réseau, elle ne se confond pas pour autant avec l'analyse stratégique[24].

24. Philippe Bernoux, dans *La Sociologie des entreprises,* Paris, coll. « Points-Seuil », 1995, p. 160, choisit cependant de l'y intégrer.

3.2 Un renouvellement de l'analyse des innovations

Il est généralement admis que le caractère dynamique des organisations, leur développement, réside en grande partie dans leurs capacités à innover. Michel Callon et Bruno Latour, en dégageant les conditions de production et de circulation des innovations techniques et des connaissances scientifiques, apportent une réponse originale à cette question. Ils montrent notamment que l'élaboration des innovations ignore les frontières organisationnelles, fussent-elles celles du laboratoire[25]. La réimplantation des coquilles Saint-Jacques dans la baie de Saint-Brieuc, étudiée par Michel Callon[26], servira ici de fil conducteur.

Au début des années 70, les coquilles Saint-Jacques ont disparu en rade de Brest, du fait des prédateurs et d'une pêche excessive, et sont menacées du même sort dans la baie de Saint-Brieuc. Trois chercheurs du CNEXO (Centre national d'exploitation des océans) proposent alors un programme de recherche destiné à identifier les conditions dans lesquelles une technique japonaise d'élevage des coquilles Saint-Jacques peut être adaptée en France (ce qui ne va pas de soi car les coquilles briochines sont d'une autre espèce que les nipponnes). Michel Callon montre que le lancement de ce programme et sa réussite passe par une association inédite entre des acteurs multiples : la communauté scientifique, les marins-pêcheurs, les pouvoirs publics et… les coquilles Saint-Jacques elles-mêmes. Loin d'être endogène, la production de connaissances nécessite la mobilisation et la coopération de tous ces acteurs. Pour intéresser chacun d'entre eux à leur projet, les trois chercheurs du CNEXO opèrent ce que Michel Callon appelle une série de **traductions** : ainsi, ce qui, pour l'ensemble de la communauté scientifique, est une question de connaissance fondamentale, doit être retraduit en terme

25. Cf. Bruno Latour et Steeve Woolgar, *La Vie de laboratoire. La production des faits scientifiques*, traduction française, Paris, La Découverte, 1988.
26. « Éléments pour une sociologie de la traduction. La domestication des coquilles Saint-Jacques et des marins-pêcheurs dans la baie de Saint Brieuc », *L'Année sociologique*, n° 36, 1986, pp. 169-208. Voir aussi Michel Callon et John Law, « La protohistoire d'un laboratoire » dans M. Callon (dir.), *La Science et ses réseaux. Genèse et circulation des faits scientifiques*, Paris, La Découverte, 1989, pp. 66-116.

de survie économique pour les pêcheurs, en problème de perpétuation de l'espèce pour les coquilles Saint-Jacques et en terme d'image de marque pour les pouvoirs publics (municipalité et région).

Traduit ainsi, le programme de recherche devient une nécessité pour chacun des acteurs. Les chercheurs en ont fait un **point de passage obligé** : l'existence des coquilles Saint-Jacques, l'honneur de la communauté scientifique, les revenus des pêcheurs et la notoriété de la région en dépendent. Les chercheurs sont devenus les **porte-parole** de cet ensemble hétérogène, dans la mesure où ils sont les seuls à faire communiquer ces univers séparés. Mais traduire, c'est aussi **déplacer**, note Michel Callon (art. cit. p. 204). En effet la mobilisation de ces différents acteurs s'accompagne d'une série de déplacements, voire de redéfinitions identitaires. Ainsi, les larves des coquilles Saint-Jacques, jusqu'alors éparses et ballotées au gré des courants marins, sont collectées et maintenues dans un dispositif conçu à leur intention. Puis leurs mouvements sont retraduits en mesures, courbes et graphiques à destination de la communauté scientifique. De même, les marins deviennent dans un premier temps et à la demande des chercheurs des observateurs attentifs des mouvements des larves et effectuent des prélèvements. Par la suite, ils se convertiront en éleveurs.

De ces associations inédites, et des opérations de traduction auxquelles elles donnent lieu pour que l'innovation prenne forme, émerge un **réseau sociotechnique** (Callon, 1989, *op. cit.*). Il peut être défini comme un en semble de cheminements entre des acteurs humains (chercheurs, marins-pêcheurs, financeurs, etc.) et non humains (coquilles Saint-Jacques, larves, courants marins, instruments de mesure, etc.) qui se trouvent interreliés. La notion de réseau, telle qu'elle est conçue ici, met l'accent sur l'extension considérable des relations et des associations nécessaires à la production des innovations. D'une part, elle met en évidence que le développement des innovations implique la transgression des frontières organisationnelles : le monde extérieur est déjà au cœur du laboratoire ou du service de développement dont la réussite dépend de sa capacité à y introduire de nouveaux acteurs[27]. D'autre

27. Cf. Francis Chateauraynaud, « Forces et faiblesses de la nouvelle anthropologie des sciences », *Critique*, n° 529-530, 1991, pp. 459-478.

part, et contrairement aux conceptions les plus usuelles de l'analyse de réseaux, sont incluses, ici, des personnes humaines et des entités non humaines reliées entre elles par des relations variées : relations de subordination et d'échange, relations techniques et financières mais aussi relations chimiques et biologiques. Les acteurs humains et non humains contribuent ainsi à **s'entre-définir**, c'est-à-dire à qualifier mutuellement leur identité, leurs intérêts et leurs relations, qui ne sont pas fixées une fois pour toutes. La liste des acteurs pertinents est donc ouverte, ce que la notion de système d'action ne permet généralement pas de prendre en compte.

Mais la notion de réseau permet également de penser la stabilisation de ces ressources et relations hétérogènes. Alors que la notion d'association mettait l'accent sur un processus en cours de constitution, celle de réseau désigne le résultat plus ou moins solidifié de chaînes de traduction. Celles-ci constituent l'infrastructure minimale pour qu'une connaissance ou une innovation soient produites. Ainsi, de nombreux investissements, concernant les coquilles Saint-Jacques comme les marins-pêcheurs, auront été nécessaires : une société locale, une faune marine sont mises en place pour qu'en bout de course, le laboratoire puisse s'installer et qu'une connaissance soit produite (Callon, 1989, *op. cit.*, p. 24).

De surcroît, les chaînes de traduction, qui ont mis en équivalence des ressources hétérogènes, ne se défont pas nécessairement une fois l'innovation réussie. En effet, des liens et des circuits ont été créés que d'autres réalisations pourront facilement emprunter. Les réseaux apparaissent, ce faisant, enchassés les uns dans les autres. Enrôler un nouvel acteur, c'est souvent mobiliser le réseau auquel il est connecté, comme en témoigne l'enjeu que représente, pour de nombreuses organisations, le recrutement de collaborateurs. Dans cette perspective, le laboratoire joue un rôle de catalyseur des différents réseaux que la découverte ou l'innovation agrège. Il délimite, organise, gère et transforme l'environnement, précise Michel Callon (*op. cit.,* 1989, pp. 211-212), lequel, en retour, lui assigne ses marges de manœuvre. Envisagés ainsi, les laboratoires ou les unités dans lesquelles sont produites des innovations sont des entités fluctuantes qui se déforment avec les réseaux et les acteurs-réseaux qui les traversent et les structurent.

La voie ouverte par Michel Callon et Bruno Latour permet de repenser la question des innovations dans les univers organisationnels, souvent analysées à travers le modèle trop simple de la diffusion. La notion de réseau sociotechnique bouleverse cette conception. En mettant l'accent sur l'hétérogénéité des ressources et des relations nécessaires à la production d'innovations, ils enrichissent l'analyse de réseaux et relativisent tant la notion d'organisation que celle de système.

4. Un cas limite : les institutions totales

Les approches les plus classiques des organisations comme celles qui contribuent à leur renouvellement ont en commun de considérer les organisations comme des univers ouverts sur le monde environnant. Les analyses en terme de champ ou de réseau, plus encore que celle en terme de système, contribuent même à faire éclater la notion d'organisation au profit d'espaces de relations qui les dépassent. Cependant, cette tendance de l'analyse ne doit pas nous faire oublier qu'il existe des organisations qui, à l'inverse, tendent à fonctionner en univers clos.

Au tout début des années 60, Erving Goffman publie un ouvrage, *Asiles*[28], centré sur un type spécifique d'organisations, celles qui s'efforcent d'instaurer des frontières étanches entre leurs membres et le monde extérieur. Goffman a travaillé une année au sein d'un hôpital psychiatrique et ce sont les observations recueillies qui constituent le matériel empirique de son analyse des « institutions totales[29] ».

28. Paris, Minuit, 1968, (1re édition américaine, 1961).

29. Les traducteurs d'*Asiles* ont préféré la notion d'« institution totalitaire », tout en précisant qu'il fallait entendre ce dernier terme dans son sens premier (« qui englobe ou prétend englober la totalité des éléments d'un ensemble donné ») et non dans son sens politique, le plus répandu, désignant un régime absolutiste fondé sur une confiscation du pouvoir. L'emploi de totalitaire étant fortement connoté, nous préférons recourir à la notion d'« institution totale » qui nous semble plus proche du concept original de Goffman, « *total institution* ».

4.1 Les caractéristiques des institutions totales

Par le concept d'institution totale, Erving Goffman entend « un lieu de résidence et de travail où un grand nombre d'individus, placés dans la même situation, coupés du monde extérieur pour une période relativement longue, mènent ensemble une vie recluse dont les modalités sont explicitement et minutieusement réglées » (*Asiles*, *ibid.*, p. 41), comme dans le cas des hôpitaux psychiatriques, des prisons ou des communautés religieuses.

La réclusion constitue le trait fondamental des institutions totales qui instaurent, pour ce faire, une coupure entre les membres de l'organisation — les reclus — et l'environnement social extérieur dont l'encadrement fait partie. Goffman détaille les techniques qui concourent à la perte d'autonomie du reclus : mortification, dépersonnalisation et mise en place d'un système de privilèges.

Les techniques de mortification ont pour objet que le reclus se défasse de sa personnalité antérieure. Elles visent à introduire une rupture entre le passé et l'avenir du reclus. La première d'entre elles est constituée par l'isolement : le reclus est coupé du monde, en particulier de son environnement familial, vingt-quatre heures sur vingt-quatre. Les visites sont fortement réglementées et parfois interdites. Les cérémonies d'admission relèvent également des techniques de mortification dans la mesure où elles consistent le plus souvent en privations, voire en humiliations. Elle diffèrent d'une institution à l'autre : enregistrement identitaire, assignation d'un matricule, inventaire des effets personnels, séance de déshabillage, désinfection, distribution des vêtements de l'établissement, rites d'initiation, bizutage, etc. À travers ces formalités d'admission, l'institution totale dépouille le nouvel entrant des objets et des signes de ses appartenances antérieures et lui impose ceux de sa nouvelle appartenance. Les marquages corporels, sévices et outrages contribuent également à la dégradation de l'image de soi des reclus et marquent une rupture avec le passé : tonsure dans certaines communautés religieuses, gestes et paroles de déférence dans l'armée, coups et sévices corporels dans certaines prisons ou camps… Enfin la confession et la dénonciation sont généralement érigées en norme.

Les techniques de dépersonnalisation marquent une étape supplémentaire en ce qu'elles s'efforcent de rompre le lien qui unit l'individu à ses actes. L'embrigadement, qui consiste en un contrôle de tous les instants sur tous les aspects — moraux et physiques — de la vie des membres à travers la promiscuité et l'impossibilité de s'isoler, une surveillance continue, l'obligation de participer à des activités collectives, est l'une d'entre elles. Une autre réside dans la sanction des moyens de défense à l'égard de l'institution — bouderie, insolence, ironie, dérision, etc. — auxquels ont recours les reclus.

L'instauration d'un système de privilèges, qui a pour effet de soumettre entièrement l'individu à l'institution, vient compléter la panoplie des techniques introduisant une coupure avec le monde extérieur. Il est composé d'un ensemble de prescriptions, de restrictions et d'interdictions auxquelles le reclus doit se plier, de récompenses ou de faveurs limitées octroyées au reclus en contrepartie de sa soumission mentale et physique et de punitions infantilisantes.

Comment les reclus s'adaptent-ils à l'institution totale ? Erving Goffman distingue quatre grands modes d'adaptation qui peuvent cohabiter chez un même individu et varier selon les moments et les situations : le repli sur soi constitue une forme de désengagement, l'insoumission consiste en défis permanents lancés au personnel de l'institution, l'installation se traduit par l'accommodement des contraintes de l'institution et la conversion marque l'adoption, par le reclus, du point de vue de l'encadrement. Le film de Milos Forman, *Vol au dessus d'un nid de coucou*, met en scène la plupart de ces modes d'adaptation : l'insoumission y est incarnée par le héros, joué par Jack Nicholson, aux prises avec l'infirmière en chef, cependant que l'indien autiste offre une saisissante illustration du repli sur soi. Le retour à la vie hors de l'institution totale, lorsqu'il se produit, se traduit par un sentiment de résurrection associé à une forte anxiété due aux stigmates de la vie de reclus et à la perte des habitudes courantes exigées par la vie en société.

À quelles représentations souscrit le personnel des institutions totales et comment traite-t-il les reclus ? Celui-ci recourt, dit Goffman, à des schémas interprétatifs qui visent à rationaliser les caractéristiques de l'institution totale. Les reclus sont systématiquement identifiés à travers le but de l'institution : un interné est nécessairement un fou de même qu'un prisonnier de droit commun est un délinquant et un prisonnier politique un dangereux terroriste. Le personnel apparaît toutefois sans cesse tendu entre deux façons antagonistes de traiter les reclus. D'une part, ceux-ci sont réifiés : des dossiers, des matricules, des êtres déshumanisés qui circulent d'un service à l'autre. D'autre part, les reclus sont considérés comme devant bénéficier d'une certaine humanité, à travers l'octroi de soins médicaux notamment. Cette exigence d'humanité peut, paradoxalement, conduire à faire du reclus un objet inanimé comme lorsque la nécessité de protéger une personne suicidaire contre elle-même conduit à l'enfermer, voire à l'attacher sur son lit.

4.2 Une notion au caractère heuristique

Une notion n'a d'intérêt que si elle est reprise et travaillée par d'autres chercheurs, et sur d'autres terrains empiriques que celui pour lequel elle a été forgée. Philippe Bernoux, dans *Un travail à soi*[30], a recours au concept d'institution totale pour désigner « l'institution-entreprise » lorsqu'elle n'accorde pas d'autonomie aux salariés qui la compose. Il s'agit de l'entreprise taylorienne ne connaissant que des individus affectés à des machines, changés autoritairement de poste et de groupe de travail, soumis à une cadence imposée, dépossédés de toute capacité à communiquer. Philippe Bernoux retrouve, dans l'univers fermé des OS, les principaux traits de caractère identifiés par Goffman. Toutefois, l'analyse demeure incomplète en ce qu'elle ne met pas l'accent sur ce qui sépare l'entreprise de l'institution totale telle que Goffman l'a construite.

La recherche menée par Jeanine Verdès-Leroux[31] sur le parti communiste français (PCF) apparaît, à cet égard, plus aboutie. La notion d'institution totale est utilisée pour analyser les pratiques ordinaires du PCF, en

30. Toulouse, Privat, 1981.
31. « Une institution totale autoperpétuée. Le parti communiste français », *Actes de la recherche en sciences sociales*, n° 36-37, 1981, pp. 33-63.

ordonner l'ensemble des faits les plus significatifs et en montrer la logique. Tout un ensemble de conduites des dirigeants comme des militants ordinaires sont semblables à celles en vigueur dans les institutions totales : disponibilité absolue, rites d'introduction, instauration de barrières vis-à-vis de l'extérieur à travers des interdits désignant des lieux, des pratiques et des goûts, conversion à l'idéologie communiste, modification de l'image de soi à travers l'autocritique et la dénonciation faites au nom de la vigilance révolutionnaire, contrôle généralisé de la pensée et de la vie privée, y compris amoureuse, système de privilèges fait d'éloges et de voyages en URSS, stigmatisation de la sortie identifiée à une trahison, etc. En même temps, Jeanine Verdès-Leroux est attentive à la singularité du PCF au sein des institutions totales : absence de contraintes et de marquage corporel, adhésion volontaire des membres et fierté d'en faire partie. L'initiation est vécue comme une étape heureuse et les membres consentent à tous les aspects de la vie militante. Enfin, le parti est souvent considéré comme une famille solidaire et sa fétichisation persiste chez les membres en rupture.

Jeanine Verdès-Leroux utilise le concept d'institution totale à la manière de l'idéal-type wébérien et montre en quoi le PCF s'en rapproche mais aussi s'en éloigne. En effet, le caractère véritablement heuristique du concept d'institution totale réside dans ses capacités à nous informer sur le fonctionnement de n'importe quelle organisation. En complément des recherches qui ont mis, à juste titre, l'accent sur les relations entre les organisations et leur environnement, l'analyse initiée par Erving Goffman nous invite à regarder en détail les procédés par lesquels les organisations s'efforcent aussi d'intégrer leurs membres, de construire une cohésion interne et ce faisant d'opérer une rupture, selon des degrés éminemment variables, entre l'intérieur et l'extérieur de l'organisation. La culture d'entreprise en vogue dans les années 80 et 90, lorsqu'elle se traduit par un repli sur les seules préoccupations internes, ne prend-elle pas parfois des formes qui se rapprochent de certaines caractéristiques des institutions totales ? Une voie de recherche fructueuse consisterait alors à analyser comment les organisations gèrent la tension permanente entre l'ouverture sur le monde environnant et le repli sur des préoccupations internes.

Les travaux présentés dans ce dernier chapitre sont hétérogènes. Ils attestent cependant de l'existence de ferments permettant de renouveler l'analyse des organisations au-delà des seules approches classiques. Cependant la compatibilité entre perspectives anciennes et nouvelles ne va pas complètement de soi. Des confrontations actives, des critiques croisées et des discussions, dont l'ouvrage de Erhard Friedberg (1993, *op. cit.*) offre un bon exemple, peuvent permettre de faire avancer la connaissance et, éventuellement, de déboucher sur la constitution de nouvelles orientations.

CONCLUSION

La sociologie des organisations constitue, depuis maintenant de nombreuses années, un pôle particulièrement productif au sein des sciences sociales. Le foisonnement des recherches et la transgression fréquente des cloisonnements disciplinaires peuvent parfois donner le sentiment d'un éclatement du champ et d'un affaiblissement de sa lisibilité. La connaissance ne progressant pas de façon linéaire, on préférera voir dans ce foisonnement une capacité réelle à se renouveler. Les travaux s'efforçant de fonder une sociologie de l'entreprise en témoignent, de même que les apports des questionnements issus de cadres conceptuels initialement éloignés de l'analyse des organisations.

La richesse de la sociologie des organisations tient peut-être aussi au fait que nombre des auteurs qui ont contribué à son développement visaient également la compréhension de phénomènes sociaux plus vastes. Weber, Merton, Parsons sont d'abord connus pour avoir développé une sociologie générale. La théorie de la rationalité limitée de March et Simon déborde largement le seul cadre des organisations. Le propos de Crozier et Friedberg est de contribuer à une analyse de l'action organisée au sens large, c'est-à-dire de l'action collective et pas seulement des organisations. Quant à la sociologie de l'entreprise, elle s'intéresse aux effets « sociétaux » produits par l'institution-entreprise. La force de la sociologie des organisations est sans doute due à cette capacité de dépasser les frontières du champ thématique qui est le sien.

On considère souvent qu'un des atouts de la sociologie des organisations réside dans le succès qu'elle connaît auprès des entreprises. On peut toutefois se demander si ce succès ne repose pas sur un malentendu : celle-ci n'est pas, en dépit des tentations qui parfois l'animent, une science de la gestion ou du management. Sa vocation première n'est pas de fournir des solutions techniques aux acteurs ni *a fortiori* aux dirigeants des organisations, même si les connaissances qu'elle produit peuvent les conduire à réfléchir sur leurs pratiques, sur celles de leurs collaborateurs et sur les outils dont ils se dotent. Son objet est d'abord l'appréhension et la compréhension des formes sociales et des modes de coopération auxquels les hommes ont recours pour mener à bien leurs actions. Mais il est certain que la pratique empirique et les protocoles de recherche, notamment lorsqu'ils prennent la forme de la « recherche-action », traduisent une certaine perméabilité entre les sciences sociales et les préoccupations des acteurs. Cette perméabilité peut, parfois, aller jusqu'à des ambiguïtés entre ces deux domaines ainsi que le signale Marc Maurice à propos de la sociologie de l'entreprise[1]. Michel Wieviorka et Sylvaine Trinh notent également, à propos d'une recherche menée auprès des cadres dirigeants d'EDF, que les sociologues sont sans cesse sollicités en tant que formateurs ou perçus en tant que consultants et qu'il leur est difficile de rester dans leur rôle de chercheurs[2]. Erhard Friedberg définit, pour sa part, une pratique d'enquête où la production de la connaissance et sa mise en œuvre dans l'action sont intimement liées. Il ne s'agit pas d'élaborer des énoncés généraux transférables d'un contexte d'action à un autre et susceptibles d'être appliqués concrètement, mais de se servir des connaissances produites dans un contexte d'action donné pour modifier la pratique des acteurs et, en retour, se servir de cette pratique modifiée pour affiner les connaissances produites et ouvrir de nouvelles pistes de recherche[3]. La production d'un savoir scientifique sur les organisations n'exige donc pas forcément une séparation stricte entre recherche et action. En revanche, on peut se demander s'il revient bien aux acteurs observés, comme le suggère Erhard Friedberg (1993, *op. cit.*, p. 316), d'évaluer les recherches qui les concernent. En tout cas, il ne peut s'agir d'une évaluation de leur scientificité, qui relève d'autres chercheurs, en fonction des règles du métier de sociologue et non des préoccupations pragmatiques des acteurs. Par contre, les investigations sociologiques au sein des organisations supposent de contrôler rigoureusement les effets que la présence ou l'intervention du cher-

1. Cf. Marc Maurice, « Les sociologues et l'entreprise » dans Renaud Sainsaulieu, *L'Entreprise, une affaire de société*, Paris, Presses de la fondation nationale des sciences politiques, 1992, pp. 314-315.
2. Cf. Michel Wieviorka et Sylvaine Trinh, *Le Modèle EDF*, Paris, La Découverte, 1989, p. 240.
3. Cf. Erhard Friedberg, *Le Pouvoir et la Règle*, Paris, Seuil, 1993, pp. 377-384.

cheur produit sur son terrain d'investigation et sur les acteurs qui le peuplent. Elles ouvrent donc sur une pratique de la réflexivité sociologique ou ethnologique, c'est-à-dire sur la prise en compte, dans l'analyse, des rapports qui se nouent entre enquêteur et enquêtés.

BIBLIOGRAPHIE

Manuels

BALLÉ Catherine, 1990, *Sociologie des organisations,* Paris, PUF, coll. « Que-sais-je ? », n° 2499.
Un ouvrage qui retrace les différentes étapes de la sociologie des organisations. Le parti-pris d'exhaustivité a pour corollaire des développements parfois succincts.

BERNOUX Philippe, 1985, *La Sociologie des organisations,* Paris, coll. « Points-Seuil ».
Manuel d'initiation, d'un accès parfois difficile, avec des études de cas et leur solution à la fin de l'ouvrage. Celles-ci relèvent davantage de l'approche managériale que de l'analyse sociologique.

BERNOUX Philippe, 1989, « La sociologie des organisations » dans DURAND Jean-Pierre et WEIL Robert, *Sociologie contemporaine,* Paris, Vigot.
En vingt pages, un panorama réussi de la sociologie des organisations.

BERNOUX Philippe, 1995, *La Sociologie des entreprises,* Paris, coll. « Points-Seuil ».
Les entreprises sont abordées au travers de différentes approches et concepts relevant, pour l'essentiel, de la sociologie des organisations. On peut regretter que des travaux récents, venant d'autres traditions, soient intégrés aux approches les plus routinisées. L'ouvrage est un peu ardu.

DESMAREZ Pierre, 1986, *La Sociologie industrielle aux États-Unis,* Paris, Armand Colin.
Un ouvrage très bien documenté et clair qui resitue, notamment, la sociologie des organisations au sein de la sociologie industrielle américaine.

MOTTEZ Bernard, 1987, *La Sociologie industrielle,* Paris, PUF, coll. « Que-sais-je ? », n° 1445 (1re édition : 1971).
Comme le précédent, cet ouvrage présente l'intérêt de resituer la sociologie des organisations aux côtés de la sociologie du travail.

CHANLAT Jean-François et SÉGUIN Francine, 1992, *L'Analyse des organisations. Une anthologie sociologique,* deux tomes, Québec, Gaëtan Morin.
Le tome 1, « Les théories de l'organisation », est constitué d'un choix de textes des principaux auteurs de sociologie des organisations. Le second tome, « Les composantes de l'organisation », est thématique et couvre des domaines relevant tant de la sociologie du travail que de la sociologie des organisations.

SEGRESTIN Denis, 1992, *Sociologie de l'entreprise,* Paris, Armand Colin.
Ouvrage qui développe, à travers une mise en perspective historique et sociologique, une problématique originale.

Chapitre 1
Textes de référence

MERTON Robert K., 1936, « The Unanticipated Consequences of Purposive Social Action », *American Sociological Review,* 1, pp. 894-904.

WEBER Max, 1971, *Économie et société,* Paris, Plon, tome 1, chapitre 3 (réédité aux éditions Presses-Pocket, coll. « Agora », 1995).

Pour en savoir plus…

BLAU Peter M., 1955, *The Dynamics of Bureaucracy. A Study of Interpersonal Relations in two Government Agencies,* Chicago & London, The University of Chicago Press.

GOULDNER Alvin W., 1954, *Patterns of Industrial Bureaucracy,* Glencoe, Free Press.

MERTON Robert K., 1940, « Bureaucratic Structure and Personality », *Social Forces,* XVIII, pp. 560-568. Traduit en français dans R.K. MERTON, *Éléments de théorie et de méthode sociologique,* Paris, Plon, 1965.

SELZNICK Philip, 1943, « An approach to a Theory of Bureaucracy », *American Sociological Review,* 8, pp. 47-54.

SELZNICK Philip, 1949, *TVA and the Grass Roots,* Berkeley, University of California Press.

Chapitre 2
Textes de référence

CROZIER Michel, 1964, *Le Phénomène bureaucratique,* Paris, Points-Seuil.

CROZIER Michel et FRIEDBERG Erhard, 1977, *L'Acteur et le Système,* Paris, coll. « Points-Seuil ».

FRIEDBERG Erhard, 1993, *Le Pouvoir et la Règle. Dynamiques de l'action organisée,* Paris, Seuil.

MARCH James G., SIMON Herbert A., 1969, *Les Organisations,* Paris, Dunod (1re édition, *Organizations,* New York, John Wiley & Sons, 1958). Voir notamment la préface de Michel Crozier et les chapitres 6 et 7.

PARSONS Talcott, 1956, « Suggestions for a Sociological Approach to the Theory of Organizations », I et II, *Administrative Science Quaterly* vol. 1, n° 1 et 2. (Articles repris dans *Structure and Process in Modern Societies,* chapitre 1, Glencoe, Free Press, Illinois, 1960).

Chapitre 3
Textes de référence

CROZIER Michel et FRIEDBERG Erhard, 1977, *L'Acteur et le Système,* Paris, coll. « Points-Seuil ».
Voir les deuxième et cinquième parties qui traitent respectivement des relations entre les organisations et leur environnement et de la question du changement.

DUPUY François et THOENIG Jean-Claude, 1958, *L'Administration en miettes,* Paris, Fayard.

Ouvrage soutenant la thèse de la souplesse de l'administration française.

FRIEDBERG Erhard, 1993, *Le Pouvoir et la Règle. Dynamiques de l'action organisée,* Paris, Seuil.
Voir le chapitre 3 consacré à l'organisation et son environnement.

GRÉMION Pierre, 1976, *Le Pouvoir périphérique. Bureaucrates et notables dans le système politique français,* Paris, Seuil.
Un ouvrage majeur sur les relations entre l'administration étatique et son environnement local.

MARCH James G. (éd.), 1991, *Décisions et organisations,* Paris, Les Éditions d'organisation.

SAINSAULIEU Renaud, 1987, *Sociologie de l'organisation et de l'entreprise,* Paris, Presses de la Fondation nationale de sciences politiques et Dalloz.
Voir le chapitre IV consacré au changement.

Pour en savoir plus…

CAMUS Agnès, CORCUFF Philippe et LAFAYE Claudette, « Entre le local et le national : des cas d'innovation dans les services publics », *Revue française des affaires sociales,* 3, 1993, pp. 17-48.

CHANLAT Jean-François, 1989, « L'analyse sociologique des organisations : un regard sur la production anglo-saxonne contemporaine (1970-1988) », *Sociologie du travail,* 3, pp. 381-399.

CORCUFF Philippe et LAFAYE Claudette, 1989, « Du fonctionnalisme au constructivisme. Une relecture critique du pouvoir périphérique », *Politix,* n° 7-8, pp. 35-45.

GRÉMION Pierre, 1970, « Introduction à une étude du système politico-administratif local », *Sociologie du travail,* n° 1, pp. 51-73.

LAFAYE Claudette, 1994, « Aménager un site littoral : entre politique et pragmatisme », *Études rurales,* n° 133-134, pp. 163-180.

URFALINO Philippe, 1994, « Décisions, actions et jeux, le cas des grands travaux parisiens », *Villes en parallèle,* n° 20-21, pp. 262-285.

WORMS Jean-Pierre, 1966, « Le préfet et ses notables », *Sociologie du travail,* n° 3, pp. 249-275.

Chapitre 4
Textes de référence

SAINSAULIEU Renaud, 1985, *L'Identité au travail,* Paris, Presses de la Fondation nationale de science politique (1re édition : 1977).

SAINSAULIEU Renaud, 1987, *Sociologie de l'organisation et de l'entreprise,* Paris, Presses de la Fondation nationale de science politique.

SAINSAULIEU Renaud (dir.), 1992, *L'Entreprise, une affaire de société,* Paris, Presses de la Fondation nationale de science politique (1re édition : 1990).
Ouvrage collectif : on signalera surtout l'introduction de R. Sainsaulieu et la contribution de M. Maurice intitulée « Les sociologies et l'entreprise ».

SAINSAULIEU Renaud et SEGRESTIN Denis, 1986, « Vers une théorie sociologique de l'entreprise », *Sociologie du travail,* n° 3, pp. 335-352.
Article fondateur d'une sociologie de l'entreprise.

SEGRESTIN Denis, 1992, *Sociologie de l'entreprise,* Paris, Armand Colin.

Pour en savoir plus...

AMSELLE Jean-Loup, 1990, *Logiques métisses. Anthropologie de l'identité en Afrique et ailleurs,* Paris, Payot.
La notion de culture, interrogée par un anthropologue...

IRIBARNE Philippe (d'), 1989, *La logique de l'honneur. Gestion des entreprises et traditions nationales,* Paris, Seuil.

TIXIER Pierre-Éric, 1988, « Légitimité et modes de domination dans les organisations », *Sociologie du travail,* n° 4, pp. 615-629.
Une critique de la notion de culture d'entreprise.

TRIPIER Maryse, 1986, « Culture ouvrière et culture d'entreprise. À propos de la disparition d'une PME en milieu rural », *Sociologie du travail,* n° 3, pp. 373-386. Une utilisation intelligente de la notion de culture d'entreprise.

SEGRESTIN Denis, 1987, « L'entrée de l'entreprise en société », *Revue française de science politique,* n° 4, pp. 461-477.

Chapitre 5

Textes de référence

ACCARDO Alain et CORCUFF Philippe, 1986, *La Sociologie de Bourdieu – Textes choisis et commentés,* Bordeaux, Le Mascaret.
Voir le chapitre 4 : « Les champs ou l'histoire faite choses », pp. 70-88.

BOLTANSKI Luc, 1990, *L'Amour et la Justice comme compétences,* Paris, A.-M. Métailié.
Voir la première partie qui présente la sociologie des régimes d'action.

BOLTANSKI Luc et THÉVENOT Laurent, 1991, *De la justification,* Paris, Gallimard (1re édition : *Les Économies de la grandeur,* Paris, Cahiers du CEE-PUF, 1987).

BOURDIEU Pierre, 1980, *Questions de sociologie,* Paris, Éditions de Minuit.
Voir surtout le texte intitulé « Quelques propriétés des champs », pp. 113-120.

CALLON MICHEL, 1986, « Éléments pour une sociologie de la traduction. La domestication des coquilles Saint-Jacques et des marins-pêcheurs dans la baie de Saint-Brieuc », *L'année sociologique,* n° 36, pp. 169-208.

CALLON Michel (dir.), 1989, *La Science et ses réseaux – Génèse et circulation des faits scientifiques,* Paris, La Découverte.

GOFFMAN Erving, 1968, *Asiles,* Paris, Éditions de Minuit (1re édition américaine : 1961).
L'étude empirique qui a permis de forger la notion d'institution totale.

LAZEGA Emmanuel, 1994, « Analyse de réseaux et sociologie des organisations », *Revue française de sociologie,* XXXV, pp. 293-320.

Pour en savoir plus…

BOLTANSKI Luc et THÉVENOT Laurent (dir.), 1989, *Justice et justesse dans le travail,* Cahiers du CEE-PUF.
Des analyses empiriques utilisant le cadre théorique de la justification.

BOURDIEU Pierre et CHRISTIN Rosine, 1990, « La construction du marché. Le champ administratif et la production de la politique du logement », *Actes de la recherche en sciences sociales,* n° 81-82, pp. 65-85.

CHATEAURAYNAUD Francis, 1991, « Forces et faiblesses de la nouvelle anthropologie des sciences », *Critique,* n° 529-530, pp. 459-478.

LAFAYE Claudette, 1990, « Situations tendues et sens ordinaires de la justice au sein d'une administration municipale », *Revue française de sociologie,* XXXI-2, pp. 199-223.

LATOUR Bruno, 1995, *La Science en action,* Paris, Gallimard, coll. « Folio-Essais » (1re édition française : La Découverte, 1989 ; 1re édition américaine : 1987).

MARCHAL Emmanuelle, 1992, « L'entreprise associative entre calcul économique et désintéressement », *Revue française de sociologie,* XXXIII, pp. 365-390.

THÉVENOT Laurent, 1993, « La trame des organisations » dans T. Globokar (dir.), *Entreprise, société, communauté,* Paris, *Autrement,* pp. 51-72.

THÉVENOT Laurent, 1994, « Le régime de familiarité », *Genèses,* 17, pp. 72-101.

VERDÈS-LEROUX Jeanine, 1981, « Une institution totale auto-perpétuée. Le parti communiste français », *Actes de la recherche en sciences sociales,* n° 36-37, pp. 33-63.

Dans la même collection

Domaine : Sociologie

18. François de Singly, *L'Enquête et ses méthodes : le questionnaire*
19. Alain Blanchet et Anne Gotman, *L'Enquête et ses méthodes : l'entretien*
37. François de Singly, *Sociologie de la famille contemporaine*
41. Marcelle Stroobants, *Sociologie du travail*
46. Yves Grafmeyer, *Sociologie urbaine*
69. Philippe Adam et Claudine Herzlich, *Sociologie de la maladie et de la médecine*
88. Philippe Corcuff, *Les Nouvelles Sociologies*
99. Catherine Rollet, *Introduction à la démographie*
107. Jean-Manuel de Queiroz, *L'École et ses sociologies*

Édition : Claire Hennaut

N° de projet : 10032208 - (1) - 3 - (OSBTO - 80) - DB - Février 1996
Imprimé en France par Pollina, 85400 Luçon - n° 69217